AF611827

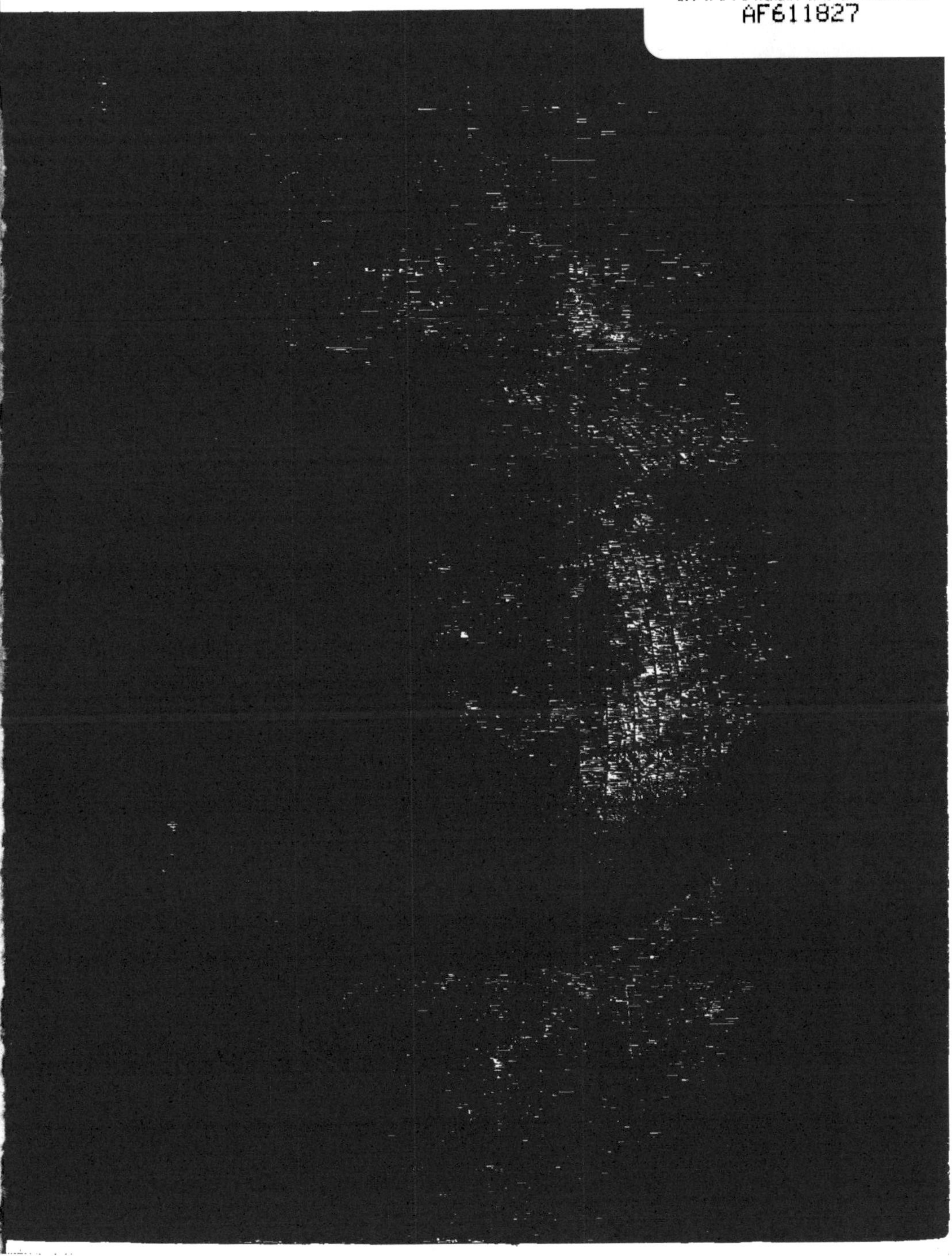

I

LA TERRE, LE SOLEIL ET LA LUNE.

1. — Terre. — La **Terre** est *ronde*. Elle a la forme d'une boule.

Un globe terrestre en est la représentation exacte (voir fig. 1).

La surface de la Terre est environ 1000 fois celle de la France dont le territoire est 36,000 fois grand comme celui d'une commune. Les trois quarts environ de cette surface sont couverts par la *mer* ou **Océan.** Le quart environ est occupé par la *terre;* la terre se compose de **trois continents** et d'*îles* qui forment les *cinq parties du monde.*

Fig. 1. — Globe terrestre.

Mouvement de la Terre. — La Terre *tourne sur elle-même* en un **jour** (24 heures) et *autour du soleil* en une **année** (365 jours).

Une boule que l'on fait rouler sur le sol est animée, comme la Terre, d'un double mouvement.

2. — Axe et pôles de la Terre. — On appelle **axe** de la Terre la ligne autour de laquelle la Terre tourne. (Voir fig. 2.)

On appelle **pôles** les deux extrémités de cet axe, **pôle nord** et **pôle sud.**

On dit dans le même sens : une toupie tourne autour de son axe. La tête et le fer de la toupie sont les extrémités de cet axe.

3. — Équateur. — L'**équateur** est un grand cercle également distant des deux pôles (voir fig. 2 et 3) qui partage le globe terrestre en deux parties égales, dites **hémisphères :** *hémisphère du nord* et *hémisphère du sud.*

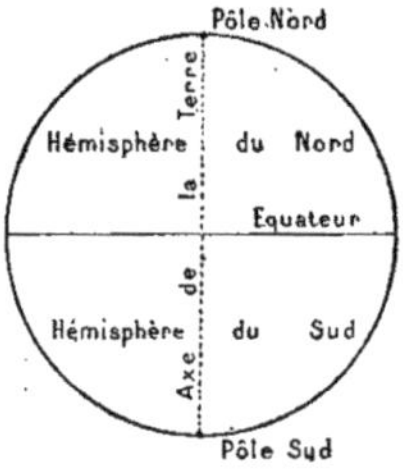

Fig. 2. — L'axe de la Terre, l'équateur, les pôles et les hémisphères.

On peut le partager aussi en hémisphères dont la circonférence passe par les pôles : *hémisphère oriental, hémisphère occidental* (fig. 3).

Une pomme coupée en deux peut représenter les hémisphères du nord et du sud. La queue et la tête du fruit figurent les deux pôles ; la partie coupée figure le cercle de l'équateur. Une aiguille passant à travers la pomme, de la queue à la tête, et réunissant les deux morceaux figure l'axe.

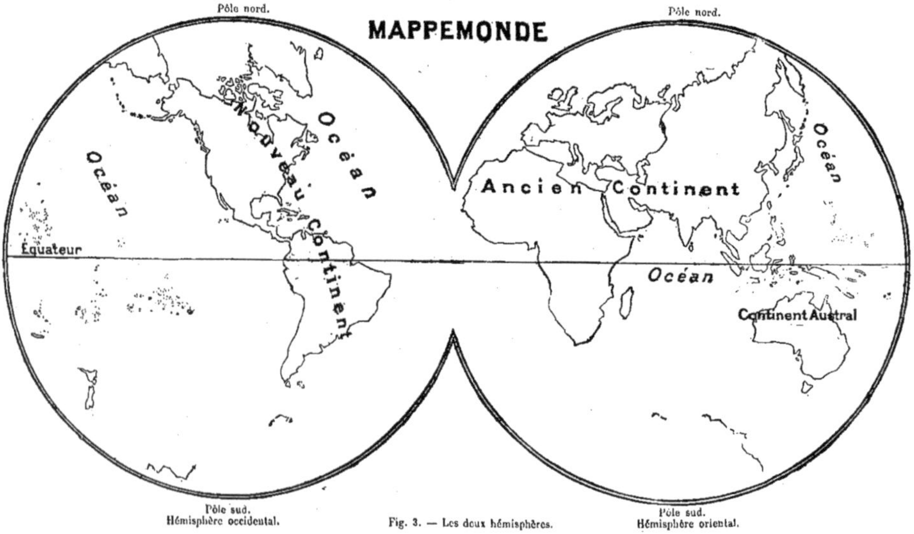

MAPPEMONDE

Fig. 3. — Les deux hémisphères.

4. — Soleil. — Le **Soleil** est un globe immense qui contiendrait 1 300 000 globes comme la Terre. (Voir fig. 4.)

Sa lumière nous éclaire et sa chaleur nous échauffe. Elles sont l'une et l'autre indispensables à la végétation des plantes et à la vie des animaux.

Le Soleil est si loin de la Terre qu'un boulet de canon, parcourant 500 mètres par seconde, mettrait dix ans à franchir la distance qui les sépare.

5. — Planètes. — Les **étoiles** sont, comme le Soleil, des astres lumineux par eux-mêmes.

Les **planètes** sont des astres qui ne sont pas lu-

Fig. 4 — Grandeur comparée du Soleil et de la Terre.
(La Terre est représentée par le point blanc qui se trouve au milieu de la figure à droite.)

mineux par eux-mêmes, mais qui sont éclairés par le Soleil et qui tournent autour de lui.

La *Terre* est une *planète*.

6. — **Jour et nuit; saisons.** — En tournant sur elle-même, la Terre présente toujours une moitié de son globe *du côté du soleil :* il fait **jour** sur cette moitié. L'autre moitié, tournée du côté opposé, est dans l'ombre : il y fait **nuit** (voir fig. 5 et 5 bis).

Le mouvement de la Terre autour du Soleil dans l'espace d'une année produit les **saisons :** *hiver, printemps, été, automne.*

Les saisons ne sont pas les mêmes et n'ont pas lieu à la même époque sur toute la Terre.

Deux figures (fig. 5 et 5 bis) représentent la position de la Terre relativement au Soleil au 21 Juin et au 21 Décembre, c'est-à-dire au commencement de l'été et de l'hiver dans l'hémisphère du nord. La partie noire est le cône d'ombre que la Terre projette dans l'espace du côté opposé au Soleil. L'hémisphère qui est de ce côté est dans la nuit. L'autre hémisphère est tourné du côté du Soleil et éclairé de ses rayons — le Soleil est beaucoup trop éloigné pour être représenté sur ces figures.

7. — **Zones.** — Le soleil n'échauffe pas également toutes les parties de la Terre.

La partie voisine de l'équateur, limitée par les deux tropiques, *tropique du Cancer* et *tropique du Capricorne*, est la **zone torride :** c'est la plus chaude.

Les parties voisines des pôles jusqu'au *cercle polaire* sont les deux **zones glaciales** ; ce sont les plus froides.

Entre les cercles polaires et les tropiques sont les deux **zones tempérées**, celle de l'hémisphère du nord et celle de l'hémisphère du sud : ce sont les plus peuplées et les plus civilisées.

Fig. 5. — Position de la Terre relativement au Soleil le 21 Juin.

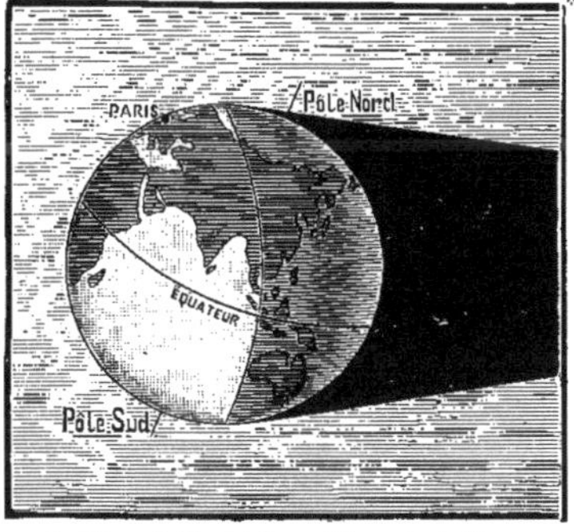

Fig. 5 bis. — Position de la Terre relativement au Soleil le 21 Décembre.

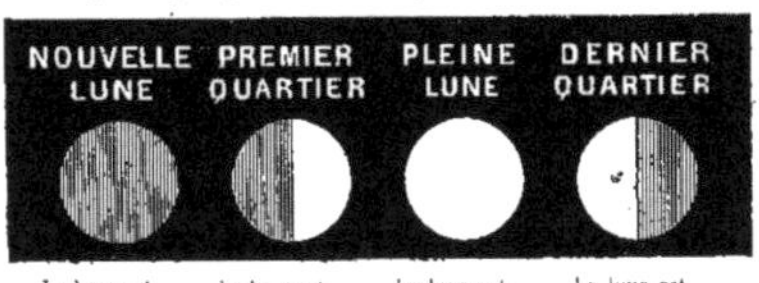

La lune est invisible la nuit. — La lune est visible la nuit jusqu'à minuit environ. — La lune est visible toute la nuit. — La lune est visible la nuit depuis minuit environ.

Fig. 6. — Phases de la Lune.

8. — **Lune.** — La **Lune** est un astre cinquante fois plus petit que la Terre.

Elle tourne dans l'espace d'un peu moins d'un *mois* autour de la Terre dont elle est le *satellite*, comme la Terre tourne autour du soleil.

Elle nous paraît presque aussi grosse que le Soleil, parce qu'elle est 400 fois plus près de la Terre. Un boulet de canon mettrait neuf jours pour aller de la Terre à la Lune.

Suivant la position qu'occupe relativement à la Terre la partie de la Lune éclairée par le Soleil (voir la fig. 6), le disque de la Lune est invisible (*nouvelle lune*), à moitié visible (*premier et dernier quartier*) ou visible en entier (*pleine lune*). Au premier quartier, la partie convexe est à droite du spectateur; au dernier quartier, elle est à gauche (dans l'hémisphère nord. C'est le contraire dans l'hémisphère sud).

II

LE PLAN ET LA CARTE

1. — **Plan.** — La figure 7 est le *dessin en perspective* d'une classe.

Fig. 7. — Vue perspective d'une classe.

La figure 8 est le **plan** de la même classe.

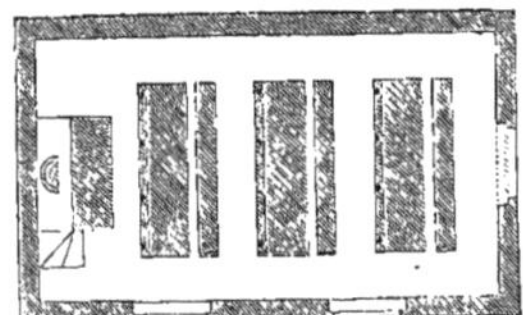

Fig. 8. — Plan de la classe.

Ce plan, dont la longueur est de 5 centimètres, représente une salle d'une longueur de 10 mètres; soit 1 centimètre pour 2 mètres.

Pour dessiner un plan, on mesure toutes les dimensions en longueur et en largeur de l'objet ou du lieu dont on se propose de dresser le plan et on les porte sur le papier en les réduisant dans une proportion convenue (1).

Sur la figure 8, cette proportion est de 1 centimètre pour 2 mètres, c'est-à-dire au deux-centième: ce qu'on exprime en disant que le plan est à l'*échelle* de $\frac{1}{200}$ de la grandeur naturelle.

Le plan représente chaque chose à sa place et dans ses dimensions relatives en longueur et en largeur, c'est-à-dire en surface : la chaire, le fauteuil du maître et les trois marches de l'estrade à gauche; les trois tables et les trois bancs des élèves au centre et à droite. On les voit sur le dessin en perspective.

Le plan représente, en outre, les quatre murs, dont deux seulement paraissent sur le dessin en perspective, les deux fenêtres et la porte qu'on n'y voit pas.

La figure 9 représente à une échelle plus petite (1 centimètre 1/2 pour 10 mètres) la maison d'école, avec la classe des garçons et celle des filles, les deux cours et une partie du jardin.

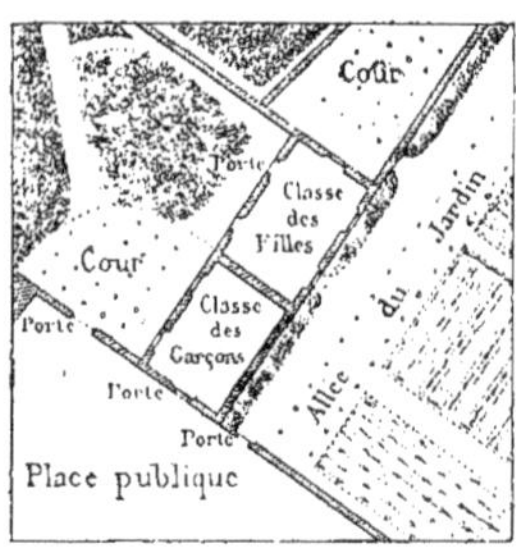

Fig. 9. — Plan de la maison d'école, à l'échelle de $\frac{1}{667}$ (1 centimètre 1/2 pour 10 mètres).

2. — **Plan topographique.** — La figure 10 est le plan, plus réduit, de la place publique où se trouvent les écoles, et de ses environs. On y distingue les rues et les maisons. C'est un *plan topographique*.

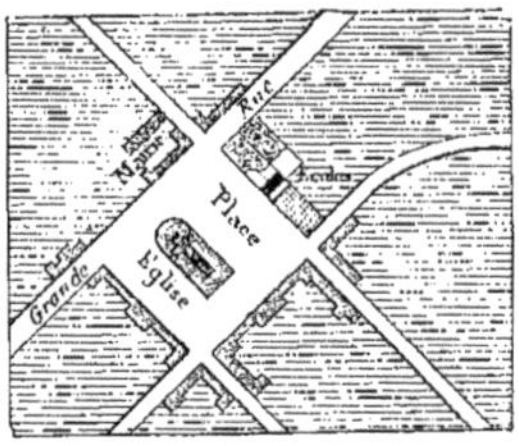

Nord.

Ouest. Est.

Sud.

Fig. 10. — Plan des environs de l'école.
(Le plan est à l'échelle de 1/10000, soit 1 millimètre pour 10 mètres).

3. — **Carte.** — En réduisant beaucoup plus encore les dimensions du dessin, on peut représenter sur une

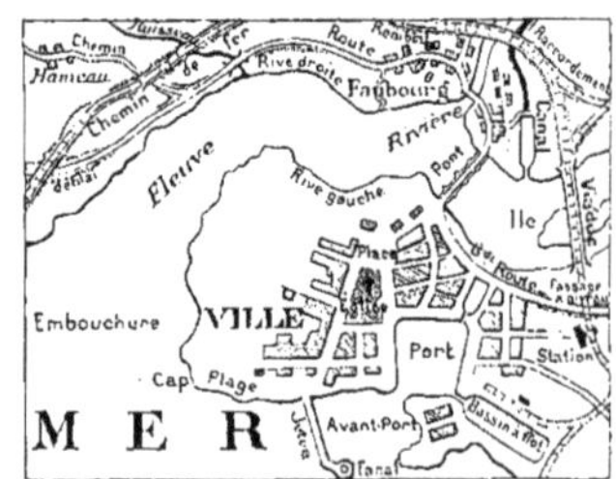

Fig. 11. — La ville et ses environs. Fragment de carte au 1/100 000e.

(1) Le maître tracera devant les élèves le plan de l'école sur le tableau noir; il mesurera d'abord la longueur des murs, des bancs. Il interrogera les élèves sur ce qu'il fait. Les plans ne sont donnés ici qu'à titre d'exemple. Ils doivent représenter la localité même où est l'école, et ils varient, par conséquent, pour chaque école.

feuille de papier une ville et ses environs. La figure 11 est la *carte topographique* de la ville où se trouvent les écoles.

En réduisant beaucoup plus encore, on fait tenir toute la France dans le même espace. La figure 12 est une *carte de géographie* à très petite échelle.

Fig. 12. — France à l'échelle de 1/20 000 000e.

Une *mappemonde* est une carte sur laquelle est représentée la Terre entière avec ses océans et ses cinq parties du monde. Chacune des deux moitiés du globe terrestre peut y être représentée, comme sur la figure 3, par un cercle.

La figure 13 représente une mappemonde, dont l'échelle est beaucoup plus petite encore que celle de la carte de France.

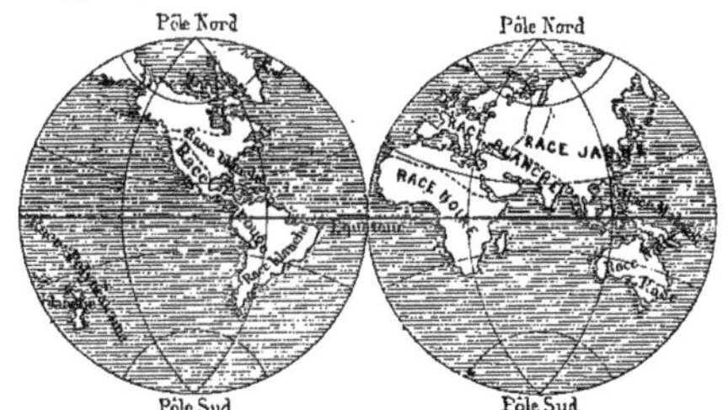

Fig. 13. Mappemonde montrant la répartition des races humaines.

4. — Points cardinaux.

— Les **points cardinaux** sont au nombre de quatre : l'**est**, l'**ouest**, le **nord**, le **sud**.

L'**est**, orient ou levant, est la direction dans laquelle on voit le soleil se lever le matin à l'horizon ; l'**ouest**, occident ou couchant, est le côté opposé par lequel on le voit se coucher. Le **sud**, ou midi, est la direction dans laquelle les habitants de l'hémisphère nord le voient à midi, au plus haut point de sa course au-dessus de l'horizon; le **nord**, ou septentrion, est la direction opposée au midi (1).

Entre les points cardinaux sont les points collatéraux : *nord-est*, *sud-est*, *sud-ouest*, *nord-ouest*.

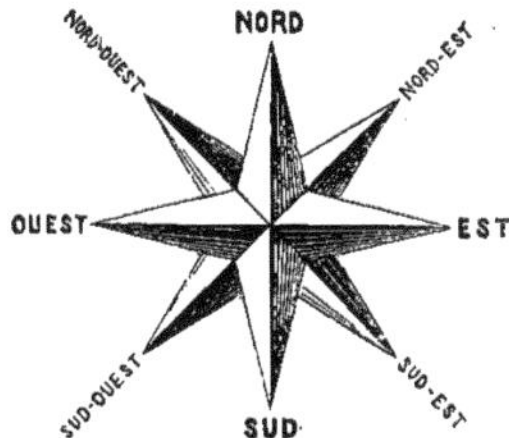

Fig. 14. — Les points cardinaux et les points collatéraux.

La figure 14 représente les points cardinaux et les points collatéraux.

5. — Orientation.

— Ordinairement une carte est *orientée*, c'est-à-dire qu'elle porte l'indication des points cardinaux : le **nord** en *haut*, le **sud** en *bas*, l'**est** à *droite*, l'**ouest** à *gauche*.

S'orienter, c'est déterminer la position des points cardinaux dans le lieu où l'on se trouve.

Pour s'orienter pendant le jour, il faut considérer la position du soleil. Le matin, on se place de manière à

Fig. 15. — Manière de s'orienter.

avoir la main *droite* du côté du *soleil levant;* le soir, de manière à avoir la main *gauche* du côté du *soleil couchant;* à *midi*, le *dos* au soleil. Dans ces trois positions, que l'ombre du corps sert à déterminer exactement, on a toujours le *nord devant soi*, quand on habite dans l'hémisphère nord.

Pendant la nuit, lorsqu'on voit les étoiles, on peut s'orienter (dans l'hémisphère nord) en cherchant l'étoile polaire.

L'*étoile polaire* est une petite étoile qui reste toujours à la même place pendant que les autres étoiles paraissent tourner autour d'elle. Elle marque le nord. Quand on la regarde, on a le nord devant soi, l'est à sa droite, l'ouest à sa gauche et le sud derrière soi.

(1) Le soleil se trouve, chaque jour à midi, au zénith d'un certain point dans la zone torride, c'est-à-dire perpendiculairement au-dessus de la tête des habitants de ce point. Mais il ne monte jusqu'au zénith que dans cette zone et les habitants des autres zones en reçoivent toujours plus ou moins obliquement les rayons. Ceux de l'hémisphère nord, pour le regarder à midi, doivent tourner leur visage vers le sud ; ceux de l'hémisphère sud doivent le tourner vers le nord. Par conséquent, les ombres, à midi, se projettent vers le nord dans l'hémisphère nord et vers le sud dans l'hémisphère sud. Dans l'hémisphère sud, comme dans l'hémisphère nord, lorsque le matin on a le soleil levant à sa main droite ou, le soir, le soleil couchant à sa gauche, on a le nord devant soi et le sud derrière soi.

III

LES NOTIONS PRÉLIMINAIRES

1. — Définition de la géographie. — La **géographie** est la *description de la Terre.*

La **Géographie physique** décrit les mers, le sol et les cours d'eau, c'est-à-dire les accidents *physiques* du globe terrestre.

La **Géographie politique** étudie la division de la Terre en États, les populations, les villes et tout ce qui se rattache à l'organisation *politique* des pays.

La **Géographie économique** étudie les productions de l'agriculture, de l'industrie, les voies de communication et le commerce dans leur rapport avec le sol.

TERMES PRINCIPAUX DE LA GÉOGRAPHIE PHYSIQUE

LE RELIEF DU SOL

2. — La surface du globe présente des plaines, des plateaux, des montagnes, des vallées, dont l'ensemble forme le **relief** du sol.

Le point du globe le plus élevé est le *mont Gaorisankar*, dans l'Himalaya, en Asie; il a 8,840 mètres. Le point le plus élevé de l'Europe est le *mont Blanc;* il a 4,810 mètres.

Ces hauteurs nous paraissent considérables. Cependant, par rapport aux dimensions du globe terrestre, elles ont moins d'importance que les aspérités de la peau d'une orange par rapport à la grosseur de ce fruit.

3. — Plaines. — Une **plaine** est une vaste étendue de terre à peu près plane. (Voir fig. 16.)

Fig. 16. — Plaine.

4. — Montagnes. — Une **montagne** est un massif de terre très élevé (voir fig. 17). Pour aller de la plaine dans la montagne, il faut *monter* beaucoup.

Une montagne a plusieurs *versants.* Quand on est monté par un côté et descendu par l'autre, on a franchi la montagne.

Fig. 17. — Montagnes.

Le point culminant d'une montagne s'appelle **sommet,** *pic, dent, aiguille.*

5. — Un **volcan** est une montagne percée d'une bouche ou *cratère* par lequel s'échappent, lorsque ce volcan est en activité, des fumées et des roches fondues ou *laves.* (Voir fig. 18.)

Fig. 18. — Volcan.

6. — Une **chaîne de montagnes** est un ensemble de montagnes réunies par leur base et formant comme les anneaux d'une chaîne. (Voir fig. 19.)

Fig. 19. — Chaîne de montagnes.

Les figures 17 et 19 représentent une partie de la chaîne des Alpes, qui est la plus importante de l'Europe. Les paysages de montagnes sont presque toujours pittoresques; on y voit des forêts de sapins et des pâturages sur les versants, des pics de roc inaccessibles, des sommets couverts de *neiges perpétuelles*, parce que le froid est très intense dans les hautes régions, et des *glaciers*.

On appelle **crête** ou *ligne de faîte* la partie la plus élevée d'une suite de hauteurs.

7. — On appelle **col**, *défilé*, *pas*, les parties où les

Fig. 20. — Col.

crêtes s'abaissent très sensiblement; c'est par ces dépressions que les hommes construisent les chemins.

La figure 20 représente un col; le sommet de ce col se trouve à l'extrémité de la montée, au fond du paysage.

Fig. 21. — Défilé.

Un défilé est un passage serré entre des montagnes; il n'a pas toujours, comme le col, une montée et une descente. (Voir fig. 21.)

8. — On appelle **collines**, *côtes* ou *coteaux*, des montagnes de petite élévation, facilement accessibles.

9. — **Plateaux**. — Les **plateaux** sont des régions qui ont à peu près l'aspect d'une plaine, mais qui sont sensi-

Fig. 22. — Montée et commencement d'un plateau.

blement au-dessus du niveau général des régions environnantes. (Voir fig. 22.)

10. — **Vallées**. — Les **vallées** sont les parties

Fig. 23. — Vallée.

creuses des régions montagneuses ou des plaines. Les eaux s'écoulent d'ordinaire par les vallées. (Voir fig. 23.)

LES COURS D'EAU ET LES LACS

11. — **Formation de la pluie.** — La chaleur du Soleil transforme en vapeur une partie des eaux de l'Océan. Cette vapeur forme les nuages. Les vents poussent les nuages sur les terres. Le refroidissement réduit les nuages en *neige* ou en *pluie*.

L'eau est nécessaire, comme le Soleil, pour les plantes et les animaux.

Les contrées où il ne pleut pas sont des **déserts**.

12. — **Sources**. — Une partie des eaux de pluie s'écoule à la surface du sol. Une partie pénètre dans le

Fig. 24. — Source.

sol, puis en sort, à plus ou moins de distance, en formant des **sources** (voir fig. 24) et des *ruisseaux*.

13. — **Cours d'eau**. — Un **cours d'eau** est de l'eau qui *coule*.

L'eau coule en descendant la pente du sol, conformément à la loi de la pesanteur.

Fig. 25. — Torrent.

Si la pente est très grande et le cours très rapide, le cours d'eau est un *torrent*. (Voir fig. 25.)

On appelle **rivière** un cours d'eau important.

L'*Allier* (en France) est une rivière.

On appelle **fleuve** un cours d'eau dans lequel se réunissent les eaux d'une région et qui se jette directement dans la mer.

La *Seine* (en France) est un fleuve.

14. — Un **affluent** est un cours d'eau secondaire qui se jette dans un cours d'eau plus important.

La *Saône* est un affluent du Rhône.

Le **confluent** est l'endroit où deux cours d'eau se réunissent en confondant leurs eaux. (Voir fig. 26.)

Fig. 26. — Confluent.

Lyon est situé au confluent du Rhône et de la Saône.

Fig. 27. — Lit d'un cours d'eau.

15. — On appelle **lit** la partie creuse que le cours d'eau remplit en temps ordinaire. (Voir fig. 27.)

Fig. 28. — Le même cours d'eau débordant.

En temps de *crue*, le cours d'eau déborde hors de son lit. (Voir fig. 28.)

En temps de *sécheresse*, il ne remplit pas son lit. (Voir fig. 29).

Fig. 29. — Le même cours d'eau presque à sec.

On appelle **rive droite** la rive située à la droite d'un bateau qui descend le cours d'eau ; **rive gauche**, celle qui est située à gauche.

16. — L'**embouchure** est l'endroit où un fleuve se jette dans la mer. Si cette embouchure est large et profonde, on l'appelle **estuaire**. (Voir fig. 30.)

Fig. 30. — Estuaire.

Le **delta** est l'embouchure d'un fleuve qui se ramifie en plusieurs bras avant de se jeter dans la mer.

Le *Rhône* (en France) forme un delta.

17. — Bassin hydrographique. — On appelle

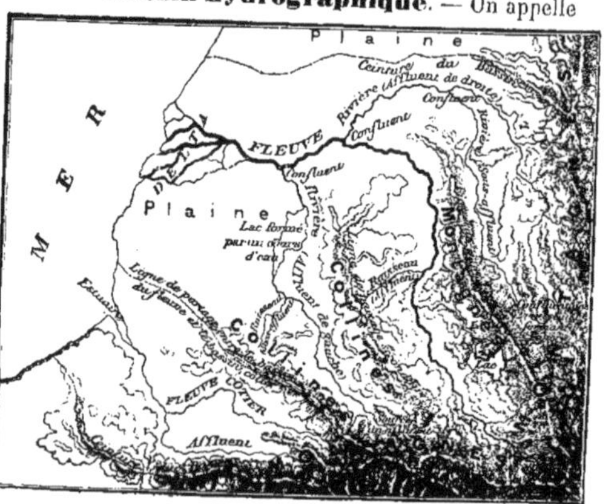

Fig. 31. — Bassin fluvial.

bassin d'un cours d'eau l'ensemble de la région arrosée par ce cours d'eau et ses affluents. (Voir fig. 31.)

La **limite du bassin** ou *ceinture* est formée par l'ensemble des hauteurs, montagnes, plateaux ou dos de plaine, qui séparent un bassin du bassin voisin.

18. — Cette limite est une **ligne de partage des eaux**, c'est à dire une ligne que l'on pourrait tracer entre les sources des cours d'eau qui descendent vers deux bassins opposés.

19. — Lacs et étangs. — L'eau ne coule pas quand le sol n'a pas de pente ou quand elle est arrêtée par un obstacle. Elle reste stagnante; elle forme un *marais*, si elle a très peu de profondeur; un *étang*, si elle a quelque profondeur; un **lac**, si elle a une grande étendue ou une grande profondeur. (Voir fig. 32.)

Fig. 32. — Un lac des Alpes.

Souvent un lac n'est que la vallée élargie d'un fleuve. Ainsi le *lac de Genève* remplit une partie de la vallée du Rhône.

20. — Canaux. — Un **canal** est un *cours d'eau artificiel*, c'est-à-dire creusé de main d'homme. Il est construit en vue de la navigation.

Il y a aussi des canaux qui sont faits pour irriguer les terres ou pour approvisionner les villes.

Pour qu'un canal traverse une ligne de partage, il faut le diviser en un certain nombre d'étages, appelés *biefs*. Ces biefs sont séparés par des portes d'*écluses*, qui retiennent l'eau et qu'on ouvre seulement pour permettre le passage des bateaux d'un bief à l'autre.

Fig. 33. — Écluse ouverte pour communiquer avec le bief inférieur.

Les deux figures 33 et 34 font comprendre la manœuvre d'une écluse. Sur la première, le bateau se présente à la partie inférieure du canal; lorsqu'il est entré, l'éclusier ferme la porte derrière le bateau et ouvre la porte opposée. L'eau s'élève alors dans l'écluse, et lorsqu'elle est montée au niveau de la partie supérieure, le bateau sort sans peine et continue sa route.

Fig. 34. — Écluse ouverte pour communiquer avec le bief supérieur.

TERMES PRINCIPAUX DE LA GÉOGRAPHIE POLITIQUE

21. — États. — Par le mot **État** on comprend un *territoire* soumis aux mêmes lois et au même *gouvernement* et, en même temps, un *peuple* habitant ce territoire et formant une société politique distincte.

22. — On appelle **monarchie** un État gouverné par un prince *souverain*, dont l'autorité est héréditaire.

Lorsqu'une monarchie est gouvernée par un roi, l'État est un *royaume* (Italie); par un empereur, c'est un *empire* (Russie); par un prince, c'est une *principauté* (Monaco); par un duc, c'est un *duché* (Luxembourg).

23. — On appelle **république** un État dont le chef est élu pour un temps limité. *La France est une république.*

24. — Plusieurs États *souverains*, c'est-à-dire se gouvernant par eux-mêmes, peuvent être groupés sous un gouvernement unique. Ils forment une *république fédérative* (États-Unis), une *confédération* (Suisse), ou un *empire* (Empire allemand).

25. — Nation et patrie. — Les habitants d'un même État composent la **nation**.

On dit qu'ils sont *citoyens* ou *sujets* de l'État; ils ont, en cette qualité, des devoirs à remplir, des droits à exercer; ils sont sous la protection des lois de leur pays.

La **patrie** est le pays dans lequel s'est formée la famille, où se trouve le *domicile paternel*, où se sont développés des affections et des intérêts communs à tous les citoyens.

L'amour de la patrie est l'extension de l'amour de la famille. Tous les citoyens ont des devoirs envers leur patrie qu'ils doivent aimer et dont ils doivent défendre l'intégrité, l'indépendance et l'honneur.

26. — Divisions administratives. — Les grandes divisions administratives des États portent, suivant les pays, différents noms.

On les appelle **départements** en France.

Dans d'autres États on les appelle *gouvernements* (en Russie), *provinces* (en Belgique), *régences* (en Prusse), *comtés* (en Angleterre), *cercles* (en Bavière).

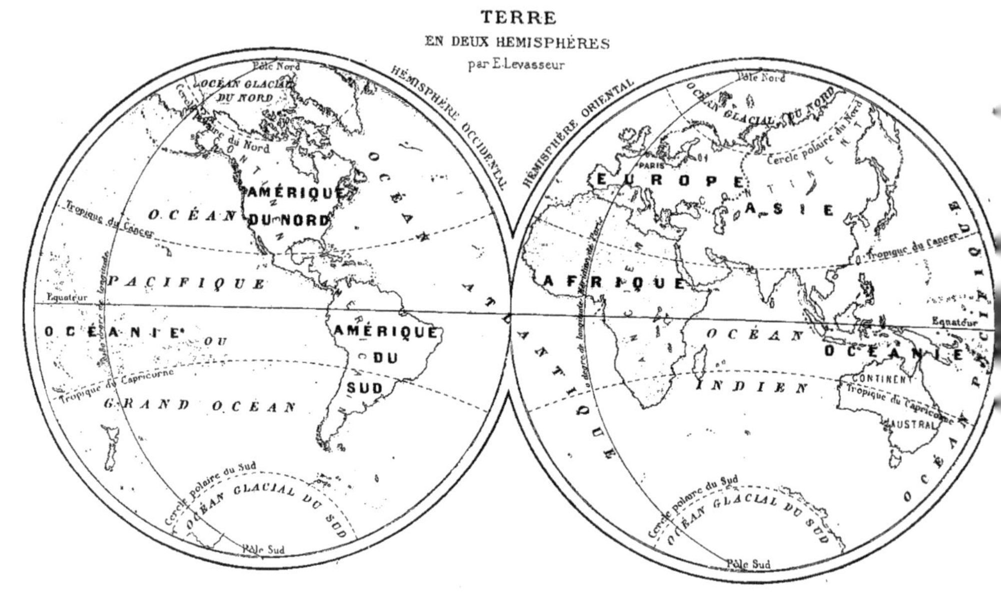

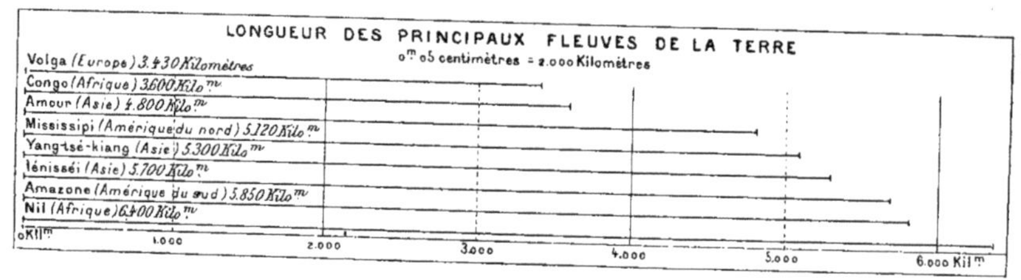

LONGUEUR DES PRINCIPAUX FLEUVES DE LA TERRE

0m 05 centimètres = 2.000 Kilomètres

Fleuve	Longueur
Volga (Europe)	3.430 Kilomètres
Congo (Afrique)	3.600 Kilom.
Amour (Asie)	4.800 Kilom.
Mississipi (Amérique du nord)	5.120 Kilom.
Yang-tsé-kiang (Asie)	5.300 Kilom.
Iénisséi (Asie)	5.700 Kilom.
Amazone (Amérique du sud)	5.850 Kilom.
Nil (Afrique)	6.400 Kilom.

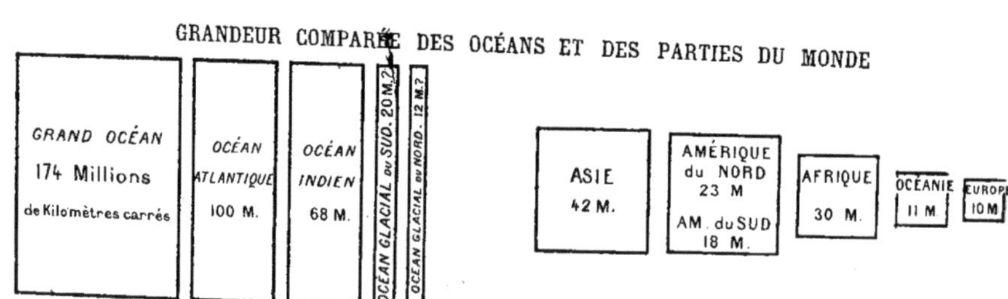

GRANDEUR COMPARÉE DES OCÉANS ET DES PARTIES DU MONDE

IV

LE MONDE

1. — La surface du globe terrestre se compose de terre et de mer.

LA MER

2. — Mer. — La **mer** occupe près des *trois quarts* de cette surface. La mer est une *immense étendue d'eau salée.*

3. — Le niveau des mers est plus bas que le niveau des terres; s'il en était autrement, la terre serait inondée.

Excepté dans le voisinage de la terre, la mer a, en général, une grande profondeur. La plus grande qu'on ait mesurée avec une sonde est d'environ 8,500 mètres; c'est à peu près l'altitude de la plus haute montagne de la Terre.

Quand on est sur le bord de la mer, on n'aperçoit devant soi jusqu'à l'horizon que de l'eau. Quand on est en pleine mer sur un navire, on ne voit, tout autour de soi, que de l'eau et, quoiqu'un bateau à vapeur marche plus vite qu'un cheval au trot, on peut naviguer pendant des semaines et des mois sans apercevoir la terre.

4. — Deux fois par jour (dans l'espace de 24 heures) le niveau de la mer s'élève et deux fois il s'abaisse : c'est la *marée*.

La surface de la mer est tantôt unie et calme, tantôt agitée par le

Fig. 35. — Mer agitée.

vent et soulevée en forme de *vagues*. Quand l'agitation est considérable, c'est une *tempête* qui met les navires en danger.

5.— Configuration des côtes.—On appelle **côte**, *rivage*, ou *littoral* les parties de terre qui bordent la mer.

Fig. 36. — Cap.

Un **cap** ou *promontoire* est une partie de la côte qui fait saillie sur la mer. (Voir fig. 36.)

6. — Une **île** est une terre entourée d'eau de tous les côtés. (Voir fig. 37.)

Fig. 37. — Petite île rocheuse.

Un **archipel** est un groupe de plusieurs îles.

Fig. 38. — Presqu'île.

Une **presqu'île** ou *péninsule* est une portion de terre presque entièrement entourée d'eau (voir fig. 38),

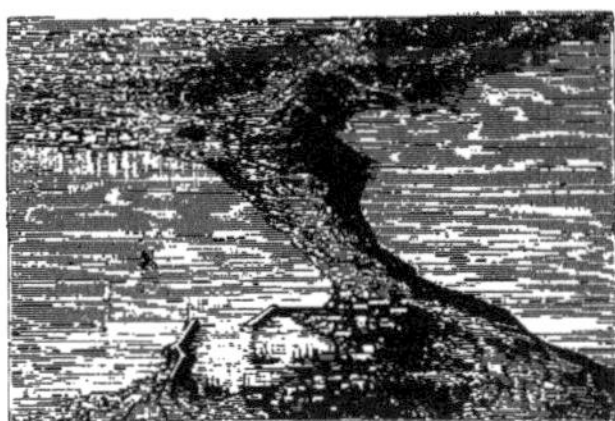

Fig. 39. — Isthme.

mais rattachée à la terre par un *isthme*. (Voir fig. 39.)

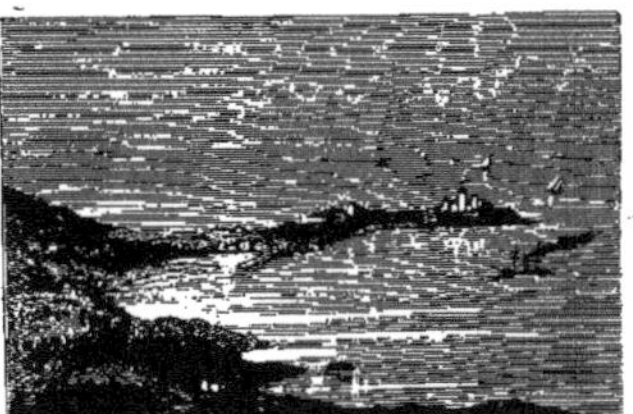

Fig. 40. — Golfe.

7. — Un **golfe** ou *baie* est une partie de mer qui

PLANISPHÈRE

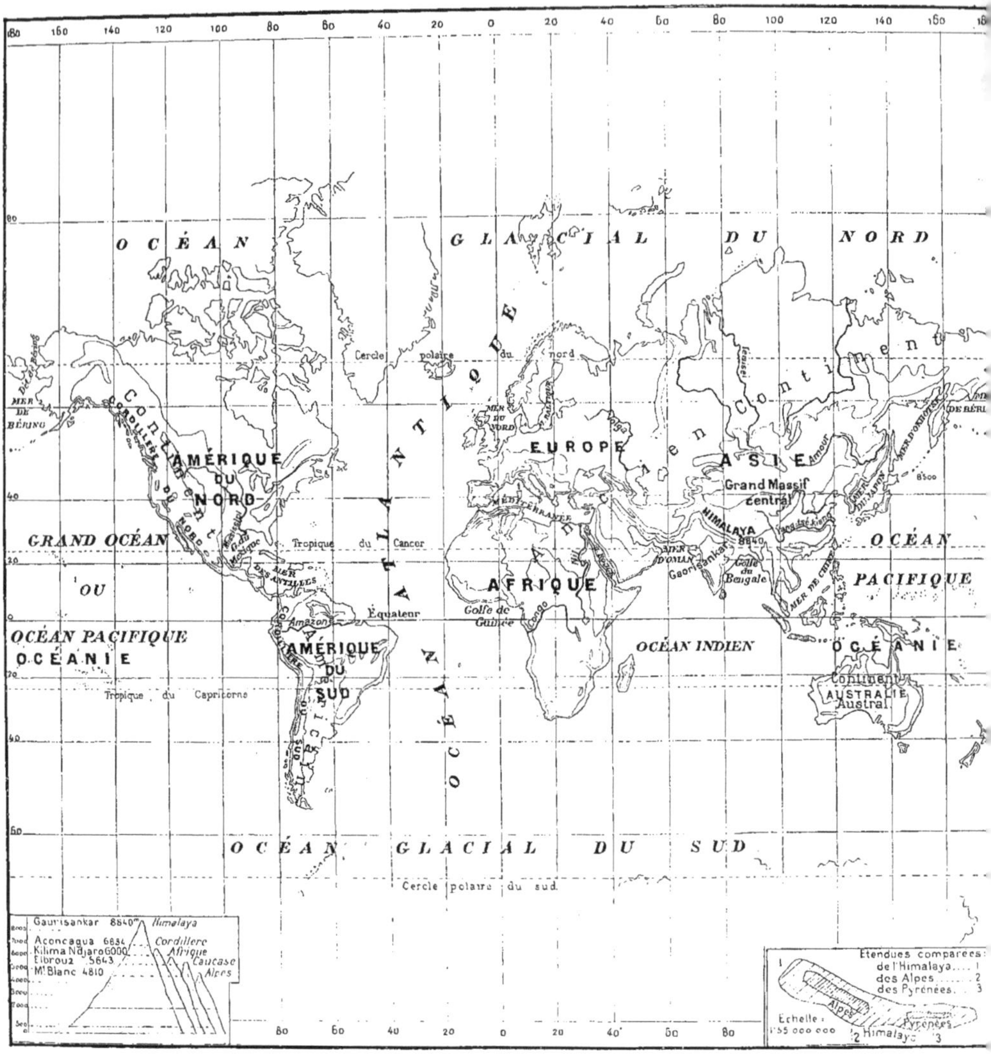

180 160 140 120 100 80 60 40 20 0 20 40 60 80 100 120 140 160

OCÉAN GLACIAL DU NORD

Cercle polaire du nord

MER DE BÉRING

CORDILLÈRE DU NORD

Continent

AMÉRIQUE DU NORD

GRAND OCÉAN OU OCÉAN PACIFIQUE

OCÉANIE

Tropique du Cancer

MER DES ANTILLES

Amazone

Équateur

AMÉRIQUE DU SUD

CORDILLÈRE DU SUD

Tropique du Capricorne

OCÉAN ATLANTIQUE

MER DU NORD

BALTIQUE

EUROPE

MÉDITERRANÉE

AFRIQUE

Golfe de Guinée

Congo

Nil

Volga

ASIE

Grand Massif central

HIMALAYA 8840

Gaorisankar

MER D'OMAN

Golfe du Bengale

OCÉAN INDIEN

Amour

MER D'OKHOTSK

MER DU JAPON

MER DE CHINE

OCÉAN PACIFIQUE

OCÉANIE

Continent Austral

AUSTRALIE

OCÉAN GLACIAL DU SUD

Cercle polaire du sud

Gaurisankar 8840m Himalaya

Aconcagua 6834 Cordillère

Kilima Ndjaro 6000 Afrique

Elbrouz 5643 Caucase

Mt Blanc 4810 Alpes

80 60 40 20 0 20 40 60 80

Étendues comparées :

de l'Himalaya 1

des Alpes 2

des Pyrénées 3

Échelle : 1:55 000 000

Alpes

Pyrénées

Himalaya

POPULATION DES PARTIES DU MONDE COMPARÉE A L'ÉTENDUE DE LEUR TERRITOIRE

Pour chaque partie du monde, le rectangle extérieur est proportionnel à la superficie du territoire ; le rectangle en noir est proportionnel à la population (voir p.). Les parties du monde q[illegible] ont le plus d'habitants relativement à leur territoire sont celles où le rectangle en noir occupe le plus de place relativement à l'autre rectangle. Ce rapport de la superficie à la populati[illegible] s'appelle dens[illegible] [illegible] l'Europe a une densité de près de 35 habitants par kilomètre carré et l'Amérique du sud, une densité de 2.

s'avance dans les terres. (Voir fig. 40.) Une *anse* est une petite baie ; un *port* est une petite anse.

Fig. 41. — Détroit.

Un **détroit** est un bras de mer resserré entre deux terres. (Voir fig. 41.)

Un golfe peut être considéré comme l'opposé d'une presqu'île; un détroit, comme l'opposé d'un isthme.

8. — Océans. — La mer se divise en cinq **océans.**

L'océan Glacial du nord est situé dans la zone glaciale du nord.

L'océan Glacial du sud est situé dans la zone glaciale du sud.

L'océan Atlantique s'étend entre l'Europe, l'Afrique et l'Amérique.

Il forme la *mer Baltique*, la *mer du Nord*, la *Méditerranée*, le *golfe de Guinée*, la *mer des Antilles* et le *golfe du Mexique*.

L'océan Indien s'étend entre l'Afrique, l'Asie et l'Australie.

Il forme la *mer Rouge*, la *mer d'Oman* et le *golfe du Bengale*.

Le **Grand océan**, ou *océan Pacifique*, s'étend entre l'Australie, l'Asie et l'Amérique.

Il forme la *mer de Chine*, la *mer du Japon*, la *mer d'Okhotsk*, la *mer de Béring*.

LA TERRE ET SES HABITANTS

9. — Continents. — La terre occupe un peu plus du *quart* de la surface du globe.

La terre se compose de **continents,** qui sont les plus vastes étendues de terre, et d'*îles*.

Un continent peut être comparé, pour l'importance, à un océan, et une île à un lac.

10. — Il y a trois continents et **cinq parties du monde.**

L'**Ancien continent** comprend trois parties du monde : l'**Europe,** qui occupe la partie nord-ouest du continent; l'**Afrique,** qui occupe la partie sud-est; l'**Asie,** qui occupe la partie orientale.

Des cinq parties du monde, l'Europe est la plus petite; l'Asie est la plus grande.

Le **continent Américain** forme une partie du monde, l'**Amérique** qui est divisée en *Amérique du nord* et *Amérique du sud*.

Le **continent Austral** ou **Australie** n'est qu'une portion de la cinquième partie du monde, nommée **Océanie.**

11. — L'Ancien continent est ainsi nommé parce qu'il est le plus anciennement connu. Le continent Américain était désigné sous le nom de *Nouveau continent*, parce qu'il n'est connu des Européens que depuis l'an 1492, date de la découverte de l'Amérique par Christophe Colomb. Mais ce nom ne lui convient plus, parce que le continent Austral, ainsi nommé parce qu'il est entièrement situé dans l'hémisphère austral, a été découvert postérieurement.

Nota. — Le planisphère porte les noms des plus grands massifs montagneux et des plus grands fleuves du monde.

12. — Population. — On évalue la population du globe à environ **1 milliard 1/2 d'habitants :**

	360	millions	en Europe,
	786	—	en Asie,
environ	150	—	en Afrique.
	92	—	dans l'Amérique du nord,
	35	—	dans l'Amérique du sud,
	38	—	en Océanie.
Total	1461		

13. — Races humaines. — On distingue **trois races principales** (voir fig. 13, page 4) :

La **race blanche** (plus de 700 millions), qui peuple l'Europe, une partie de l'Asie, de l'Afrique et de l'Océanie et la plus grande partie de l'Amérique (voir fig. 42);

Fig. 42. — Race blanche.

La **race jaune** (environ 580 millions), qui peuple la plus grande partie de l'Asie (voir fig. 43);

La **race noire** (environ 180 millions), qui occupe le centre de l'Afrique, une partie de l'Océanie, et qui a été transportée par l'esclavage en Amérique et en Asie (voir fig. 44).

Fig. 43. — Race jaune.

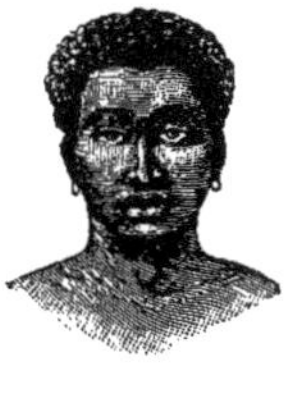

Fig. 44. — Race noire.

La *race malaise* (environ 35 millions), qui occupe le sud-est de l'Asie et l'Océanie, et la *race* américaine, rouge ou brune (environ 15 millions), qui habite certaines contrées de l'Amérique, sont des races secondaires qu'on peut rattacher aux trois races principales.

EUROPE PHYSIQUE

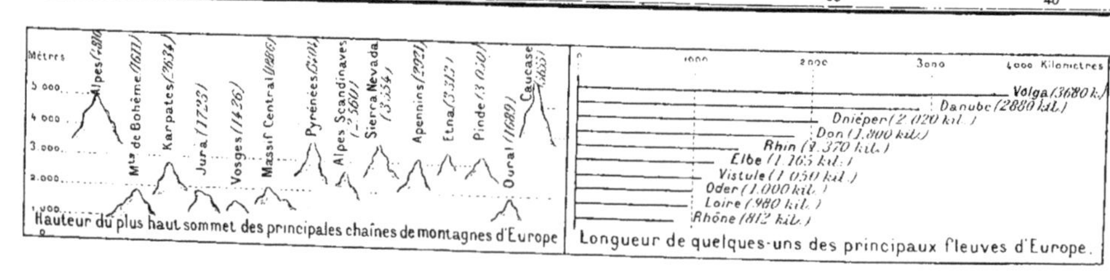

Hauteur du plus haut sommet des principales chaînes de montagnes d'Europe

Longueur de quelques-uns des principaux fleuves d'Europe.

V

L'EUROPE PHYSIQUE

1. — **Etendue.** — L'**Europe**, qui est la plus petite des cinq parties du monde, est la plus importante par sa richesse, par l'activité de ses habitants et par sa civilisation. Elle a une superficie de 10 *millions de kilomètres carrés.* Elle comptait **360 millions d'habitants** en 1890.

2. — **Limites.** — L'Europe est bornée : au nord, par l'**océan Glacial** ; à l'ouest, par l'**océan Atlantique** ; au sud, par la **mer Méditerranée** qui la sépare de l'Afrique, par la *mer Noire* et la chaîne du *Caucase*, qui la séparent de l'Asie ; à l'est, par la *mer Caspienne*, le *fleuve Oural* et les **monts Oural**, qui la séparent aussi de l'Asie.

LES MERS, ILES ET PRESQU'ILES

3. — **Mers.** — L'**océan Atlantique** s'étend du *cap Nord* au détroit de Gibraltar. Il forme : la **mer du Nord**, la mer **Baltique**, la **Manche**, le *golfe de Gascogne*.

La mer du Nord et la mer Baltique communiquent par les **détroits danois**, situés entre la péninsule Scandinave, le Jutland et les îles danoises.

La mer du Nord et la Manche communiquent par le **Pas de Calais**.

4. — Les principales **îles** sont : l'**Islande** ; les îles **Britanniques** ; les îles **Danoises** à l'entrée de la mer Baltique.

5. — La **péninsule Scandinave** et la *presqu'île du Jutland* séparent la mer du Nord de la mer Baltique.

6. — La **Méditerranée**, dont le nom signifie *mer au milieu des terres*, communique avec l'océan Atlantique par le **détroit de Gibraltar**.

7. — Dans la Méditerranée s'avancent trois grandes **péninsules** :

La péninsule **Ibérique**, qui sépare la Méditerranée de l'Océan ;

La péninsule **Italique**, qui se prolonge par la Sicile ;

La péninsule **Pélasgique** (dite aussi péninsule des Balkans), qui se prolonge par la presqu'île du *Péloponnèse*.

8. — La **Corse**, la **Sardaigne**, la **Sicile** et la **Crète** sont les plus grandes îles de la Méditerranée.

Les *îles Baléares*, les *îles Illyriennes*, les *îles Ioniennes* et les *Cyclades* sont les principaux archipels.

9. — La Méditerranée forme la *mer Tyrrhénienne*, la *mer Adriatique*, la *mer Ionienne*, la *mer Egée*.

Par le *détroit des Dardanelles*, la *mer de Marmara* et le *Bosphore*, elle communique avec la **mer Noire**, qui forme la *mer d'Azov*.

10. — La **mer Caspienne** ne communique pas avec l'Océan.

LE RELIEF DU SOL

11. — **Montagnes.** — Les **Alpes** sont les montagnes les plus importantes de l'Europe. Leurs plus hauts sommets sont couronnés de neiges perpétuelles et de glaciers. Leurs paysages sont d'une beauté grandiose. Le **mont Blanc** est la plus haute montagne de l'Europe (**4,810 mètres**), après le Caucase.

12. — Au nord-est des Alpes se trouve le *massif de la Bohême ;* à l'est, les **Karpates** ; à l'ouest, le *Jura*, les *Vosges*, le *Massif central de la France*.

Plus loin, à l'ouest, est la haute chaîne des **Pyrénées**.

13. — La **péninsule Scandinave** et les trois **péninsules de la Méditerranée** sont montagneuses.

La péninsule Scandinave est traversée du nord au sud par les **Alpes scandinaves**.

Le centre de la péninsule Ibérique est occupé par le haut **plateau de Castille** ; au sud est la *Sierra Nevada*.

La chaîne des **Apennins** traverse l'Italie du nord au sud.

Le *Vésuve*, en Italie, et l'**Etna**, en Sicile, sont des volcans.

La péninsule Pélasgique est très accidentée ; les **Balkans** et la chaîne du **Pinde** en sont les principales chaînes.

14. — La grande **plaine de la Basse-Allemagne**, qui se prolonge à l'ouest jusqu'en France et à l'est jusqu'en Russie, occupe toute la partie septentrionale de l'Europe centrale, entre les Alpes et la mer Baltique.

La **plaine de Russie**, beaucoup plus grande encore, occupe toute la partie orientale de l'Europe, c'est-à-dire plus de la moitié de cette partie du monde.

La plaine de Russie est bornée : à l'est, par les **monts Oural** ; au sud-est, par la haute chaîne du **Caucase**.

LES EAUX

15. — **Fleuves.** — Des Alpes descendent, à l'ouest, le **Rhône** ; au nord, le **Rhin**, qui ont leur source dans le massif du Saint-Gothard ; à l'est, l'*Inn*, la *Drave* et la *Save*, grands affluents du **Danube** ; au sud, le **Pô**.

Les autres grands fleuves de l'Europe occidentale et centrale sont la *Garonne*, la *Loire*, la *Seine*, la *Meuse*, l'**Elbe**, l'*Oder* et la **Vistule**.

L'*Ebre*, le *Douro*, le *Tage*, le *Guadalquivir* arrosent la péninsule Ibérique. — Le *Tibre* coule en Italie.

16. — Dans la plaine de l'Europe orientale, le **Dnieper** (ou Dniepr), le **Don** et la **Volga**, le plus grand fleuve de l'Europe, coulent vers le sud ; la *Dvina occidentale*, la *Néva*, déversoir du grand **lac Ladoga**, la *Dvina septentrionale* coulent vers l'ouest ou le nord.

LECTURE

L'Europe est la partie du monde qui, proportionnellement à sa superficie, possède le plus de côtes ; elle a plus de mers intérieures, de golfes et de presqu'îles qu'aucune autre région continentale. Cette disposition a été favorable à la navigation et, par suite, au commerce et à la richesse de ses habitants. La Méditerranée, entourée de terres de tous les côtés et semée d'un grand nombre d'îles, a été particulièrement favorisée ; c'est sur ses bords qu'habitaient les peuples les plus civilisés de l'antiquité, les Égyptiens, les Phéniciens, les Grecs et les Romains.

EUROPE (LES ÉTATS)

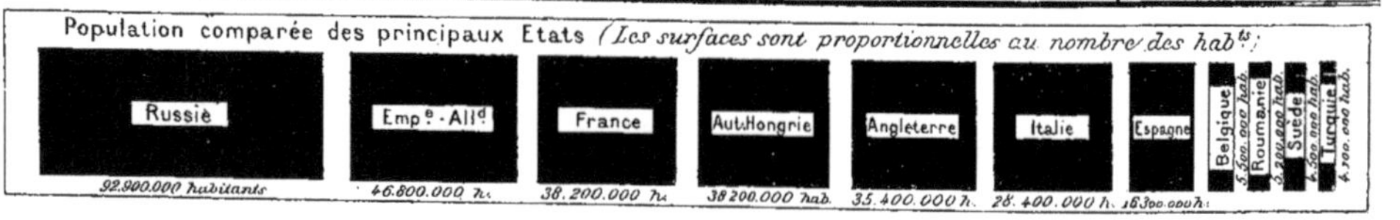

• Villes de plus d'un million d'habit[ts]

Échelle = 1:30.000.000

1 millimètre pour 30 kilom.

EUROPE CENTRALE

Échelle = 1:15.000.000

1 millimètre pour 15 kilom.

Échelle = 1:15.000.000

1 millim pour 15 kilom.

Population comparée des principaux Etats (*Les surfaces sont proportionnelles au nombre des hab[ts]*)

Russie	92.900.000 habitants
Emp[e]-All[d]	46.800.000 h.
France	38.200.000 h.
Aut. Hongrie	38.200.000 hab.
Angleterre	35.400.000 h.
Italie	28.400.000 h.
Espagne	16.300.000 h.
Belgique	5.500.000 hab.
Roumanie	5.300.000 hab.
Suède	4.500.000 hab.
Turquie	4.700.000 hab.

VI

L'EUROPE POLITIQUE — ÉTATS

1. — Grandes puissances. — On appelle **Grandes puissances européennes** les six États, France, Angleterre, Empire allemand, Autriche-Hongrie, Italie, Russie, qui sont les plus importants par leur population, par leur richesse et par leur force militaire.

La **France** ou **République française** (38 millions 1/2 d'hab.), située dans l'Europe occidentale. Capitale : **Paris**.

2. — Le **Royaume-Uni de Grande-Bretagne et d'Irlande**, désigné aussi sous les noms d'*Iles Britanniques* et d'*Angleterre* (38 millions d'hab.), situé dans l'Europe occidentale. Capitale : **Londres** (4 millions d'hab.), la ville la plus peuplée du monde, grand port sur la *Tamise*.

Le Royaume-Uni se compose de trois anciens royaumes : l'**Angleterre**, cap. *Londres;* l'*Écosse*, cap. **Édimbourg**; l'*Irlande*, cap. **Dublin**.

Le Royaume-Uni, dont la population est très dense, renferme 26 villes qui ont plus de 100,000 habitants. Les principales, outre les trois capitales, sont **Liverpool** et **Glasgow**, deux des ports les plus commerçants du monde; **Birmingham, Manchester, Leeds**, grandes villes de fabriques; **Newcastle**, mines de houille.

3. — L'Empire allemand (48 millions d'hab.), situé dans l'Europe centrale. Capitale : **Berlin** (1 million 1/2 d'hab). L'Empire allemand se compose de 26 États réunis sous l'autorité suprême de l'empereur qui est en même temps roi de Prusse. Au nombre de ces États sont quatre royaumes : la **Prusse**, État prépondérant, capitale **Berlin**; la **Saxe**, capitale *Dresde;* la **Bavière**, capitale *Munich;* le **Wurtemberg**, capitale *Stuttgart*.

Les villes principales de l'Allemagne sont, en outre : **Hambourg**, grand port de commerce sur l'Elbe; *Brême*, port sur la Weser; *Leipzig* en Saxe; *Breslau* en Silésie; *Mayence*, ville forte, et *Cologne*, sur le Rhin.

L'**Alsace-Lorraine**, pays français avant la guerre de 1870-1871, appartient depuis cette guerre à l'Empire allemand. Villes principales : **Strasbourg** et **Metz**.

4. —L'Autriche-Hongrie (40 millions d'hab.), située dans l'Europe centrale. Elle est composée de deux États qui ont le même souverain :

L'**Empire d'Autriche**. Capitale : **Vienne**;

Le **Royaume de Hongrie**. Capitale : **Budapest**.

Les villes principales sont : *Prague*, en *Bohême; Trieste*, le grand port de mer de l'Autriche; *Agram*, capitale de la *Croatie*.

5. — Le **Royaume d'Italie** (30 millions d'hab.), situé dans l'Europe méridionale. Capitale : **Rome**, sur le Tibre.

Les villes principales de l'Italie sont : *Turin, Milan, Gênes, Venise, Florence*, **Naples**, *Palerme*.

6. — **L'Empire russe** ou **Russie** (94 millions d'hab. en Europe), qui occupe toute l'Europe orientale. Capitale : **Saint-Pétersbourg**, sur la Néva.

Les villes principales de la Russie sont : **Moscou**; **Varsovie**, ancienne capitale de la *Pologne; Odessa*, port sur la mer Noire.

Le *Grand-duché de Finlande* fait partie de l'Empire russe.

7. — Autres États. Les autres États sont :

Dans l'Europe occidentale :

Le Royaume des **Pays-Bas**, capitale **Amsterdam**;

Le Royaume de **Belgique**, capitale **Bruxelles**.

La Haye est le siège du gouvernement des Pays-Bas ; **Anvers** est le principal port de la Belgique.

Dans l'Europe centrale : la **Suisse**, république fédérative composée de 22 *cantons*, capitale *Berne*.

Les villes principales de la Suisse sont : *Genève, Bâle* et *Zurich*.

8. — Dans l'Europe méridionale :

Le Royaume de **Portugal**, capitale *Lisbonne*, et le Royaume d'**Espagne**, capitale **Madrid**, qui occupent la péninsule Ibérique.

Barcelone, *Valence, Séville, Cordoue* sont les villes principales de l'Espagne; *Porto*, avec Lisbonne, sont les ports du Portugal.

Les États de la région du Bas-Danube et de la péninsule Pélasgique sont :

Le Royaume de **Roumanie**, capitale *Bucarest;*

Le Royaume de **Serbie**, capitale *Belgrade;*

La Principauté de *Bulgarie*, capitale *Sofia;*

La **Turquie** *d'Europe*, qui n'est qu'une partie de l'*Empire ottoman*, capitale **Constantinople**;

Le royaume de *Grèce*, capitale *Athènes*.

Gibraltar et *Malte* appartiennent à l'Angleterre.

9. — Dans l'Europe septentrionale :

Le Royaume de **Danemark**, capitale *Copenhague;*

Les Royaumes de **Suède**, capitale *Stockholm*, et de **Norvège**, capitale *Christiania*, qui sont gouvernés par le même roi.

10. — Il y a, en outre, cinq petits États dont le plus peuplé, le *Grand-duché de Luxembourg*, n'a que 200,000 habitants.

LECTURE

L'état politique de l'Europe a beaucoup changé dans le cours du XIXe siècle.

Les guerres de la République et de l'Empire, qui ont duré de 1792 à 1815, avaient donné à la France, en 1801, un territoire beaucoup plus grand que celui qu'elle possède aujourd'hui.

En 1815, il y avait en Europe cinq grandes puissances : la France, réduite aux frontières qu'elle avait eues avant la République, l'Angleterre, l'Autriche, la Prusse et la Russie.

De grands événements se sont accomplis depuis trente ans. La guerre d'Italie (année 1859), dans laquelle les armées française et piémontaise ont triomphé de l'armée autrichienne, a eu pour conséquence l'unité italienne; les guerres de 1866 et de 1870 ont donné, aux dépens de l'Autriche et de la France, une importance considérable à la Prusse et porté à six le nombre des grandes puissances: Empire allemand, Russie, Angleterre, France, Autriche-Hongrie, Italie. Le traité de Berlin (année 1878) a remanié l'état politique de la péninsule Pélasgique.

FRANCE (RELIEF DU SOL.)

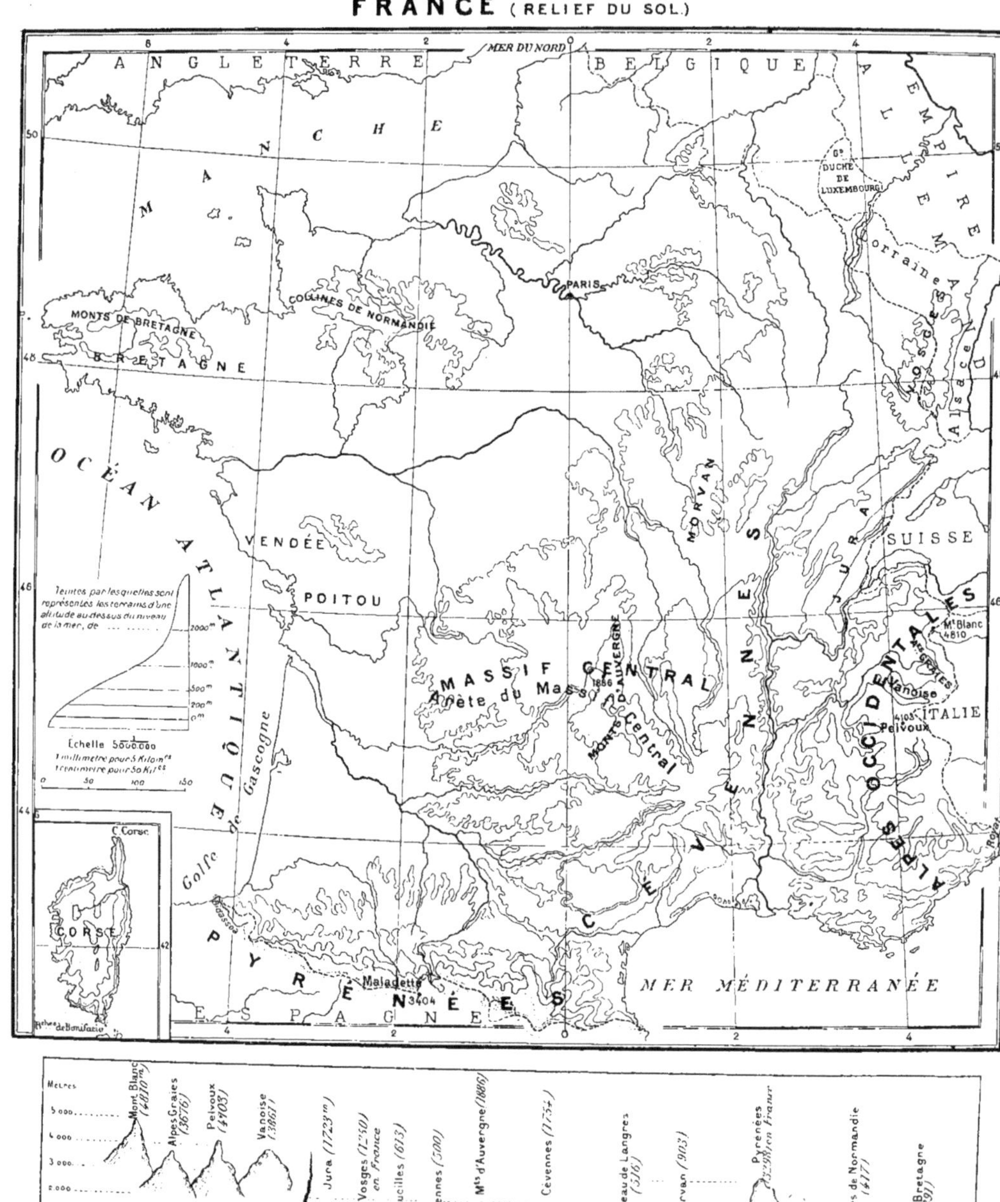

Hauteur comparée du plus haut sommet des chaînes de montagnes de France

VII

LA FRANCE PHYSIQUE — RELIEF DU SOL

1. — Situation. — La **France** est un des grands États de l'Europe. Son territoire mesure plus de 528,000 *kilomètres carrés;* sa population est de 38 *millions 1/2 d'âmes.*

La France est notre *patrie*, c'est-à-dire le pays dont nous sommes en quelque sorte les enfants, parce que nous sommes nés en France ou dans les colonies françaises, ou parce que notre famille est venue y fixer. C'est le pays aux lois duquel nous devons l'obéissance. Les Français sont nos *concitoyens;* ils parlent la même langue que nous; ils ont les mêmes droits et les mêmes devoirs politiques.

2. — La France est située dans la *partie occidentale de l'Europe*. Elle se trouve dans la *zone tempérée de l'hémisphère nord*. Le climat y est relativement doux.

La figure 45 représente la position de la France sur la Terre.

Fig. 45. — Position de la France sur la Terre.

3. — Frontières. — La carte de France peut être encadrée dans une figure géométrique à six côtés que le méridien de Paris partage à peu près en deux moitiés.

Trois côtés sont maritimes (voir fig. 46) : le *côté nord-ouest*, baigné par la **mer du Nord** et la **Manche**; le *côté occidental*, baigné par l'**océan Atlantique** proprement dit et le **golfe de Gascogne** ; le *côté sud-est*, baigné par la mer **Méditerranée**.

4. — Trois côtés sont des frontières terrestres. Le territoire de la France est limitrophe : sur le *côté sud-ouest*, de l'**Espagne**; sur le *côté oriental*, de l'**Italie**, de la **Suisse** et de l'**Alsace** qui appartient à l'**Empire allemand**; sur le *côté nord-est*, de la partie de la **Lorraine** qui appartient à l'**Empire allemand**, du **Grand-duché de Luxembourg** et de la **Belgique**.

5. — Relief du sol. — Le sol de la France se compose de plaines, de plateaux et de montagnes.

Toute la moitié occidentale, de la source de l'Oise sur la frontière septentionale à l'embouchure de la Bidassoa, se compose de **plaines**. Le sol n'y est accidenté que de collines, **collines de Normandie** et **monts de Bretagne**. L'autre moitié, au contraire, est montagneuse.

6. — Les **Alpes occidentales** séparent la France de l'Italie et couvrent de leurs hautes chaînes tout le sud-est

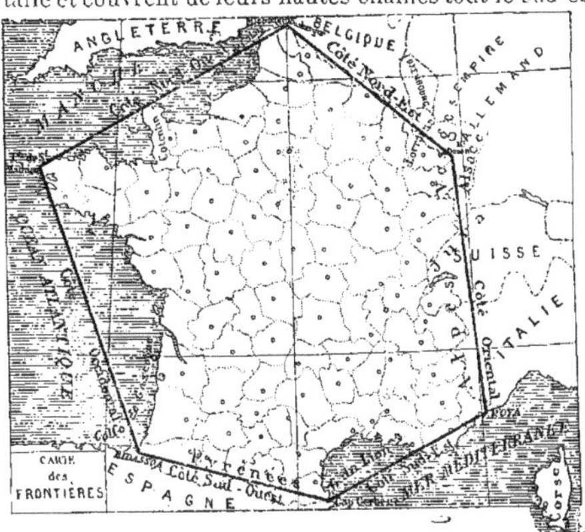

Fig. 46. — Les six côtés de la France.

de la France. Après le **mont Blanc** (4,810 mètres) dont la crête sert de frontière, le massif du **mont Pelvoux**, les **Alpes Graies** et la chaîne de la **Vanoise** sont au nombre des parties les plus importantes des Alpes.

7. — Le **Jura**, au nord des Alpes dont le Rhône les sépare, est un grand plateau accidenté. Son plus haut sommet a environ le tiers de la hauteur du mont Blanc.

8. — Les **Vosges** sont un peu moins hautes que le Jura au nord duquel elles sont situées. Les *monts Faucilles* en sont un prolongement. Elles présentent une crête arrondie et des flancs boisés.

9. — Au nord-ouest des Vosges s'étend le vaste et peu fertile plateau de l'**Ardenne** (dit aussi Ardennes). La France n'en possède que l'extrémité occidentale.

10. — Toute la partie centrale de la France est formée de hautes terres, plateaux et montagnes : c'est le **Massif central de la France**. Il atteint 1,886 mètres au point culminant des **monts d'Auvergne**. Les hauteurs qui y forment la principale ligne de partage des eaux constituent l'*Arête du Massif central*. Le massif est bordé à l'est et au sud-est par la chaîne de **Cévennes** dont le prolongement (*Plateau de Langres*) s'étend jusqu'aux Vosges.

Au nord du Massif central est le massif du *Morvan*.

11. — Les **Pyrénées** sont une longue et haute chaîne qui s'étend de la Méditerranée au golfe de Gascogne et dont la crête principale sert de frontière entre la France et l'Espagne. Elles sont moins hautes (3,404 mètres à la *Maladetta*) que les Alpes; mais elles sont difficiles à franchir parce que la crête est partout très élevée, excepté aux deux extrémités de la chaîne.

Les Pyrénées présentent des paysages très pittoresques, moins variés cependant que ceux des Alpes, parce qu'elles ont peu de neiges perpétuelles et que la nature des roches y est plus uniforme

FRANCE (CÔTES ET COURS D'EAU)

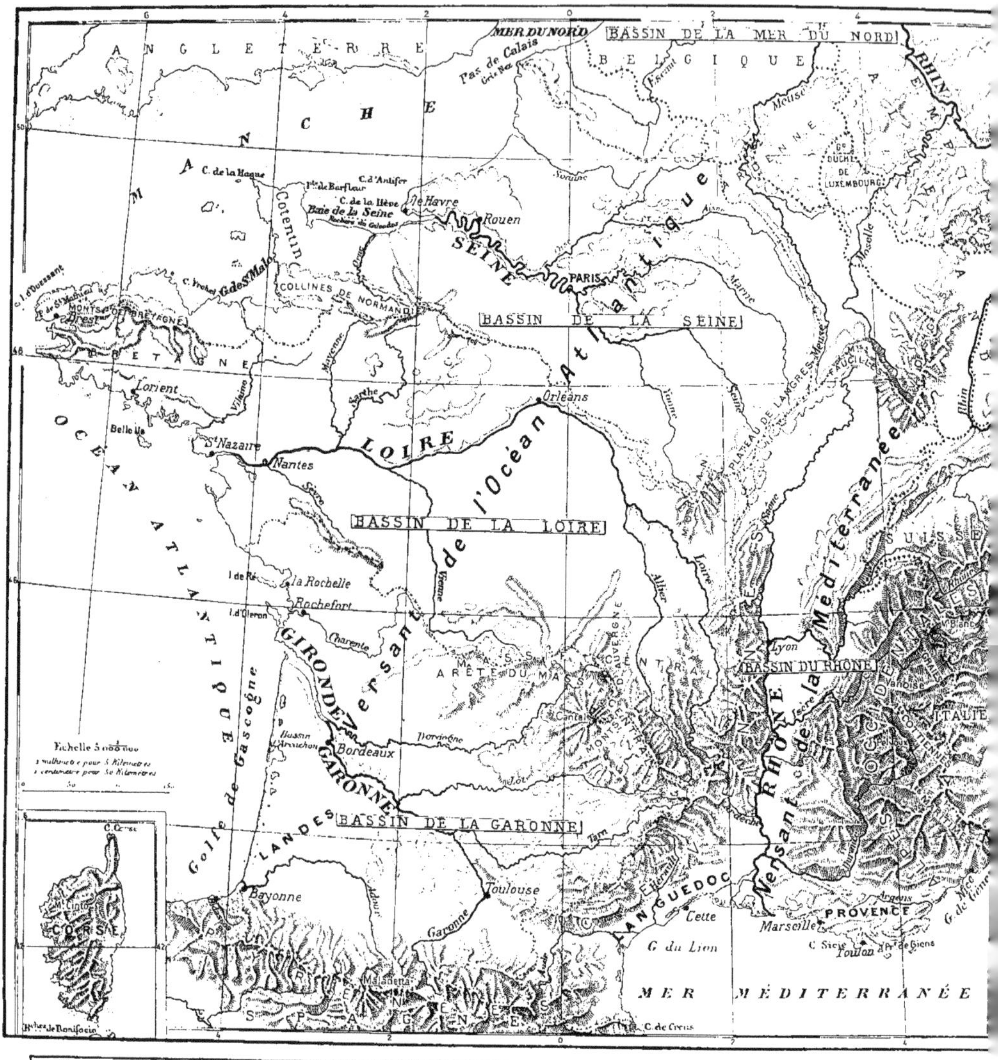

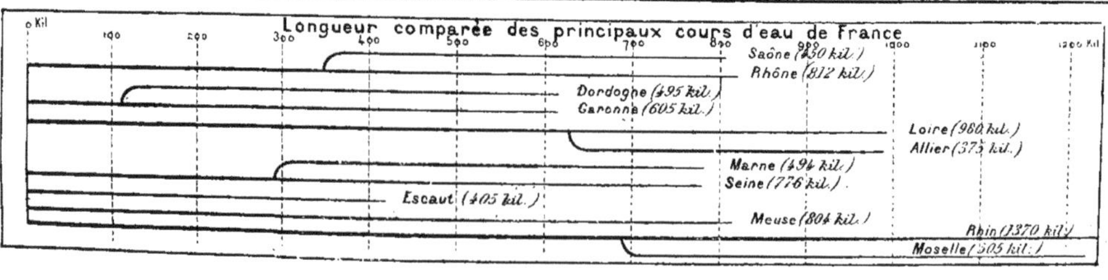

VIII

LA FRANCE PHYSIQUE — CÔTES ET EAUX

LES CÔTES

1. — **Côte du nord-ouest**. — Le *côté nord-ouest* de la France est baigné par la **mer du Nord** et par la **Manche**. Le détroit nommé **Pas de Calais** réunit ces deux mers et sépare la France de l'**Angleterre**.

Sur la côte de France sont : le cap nommé **Gris-Nez**, la **baie de la Seine** où se trouve le **Havre**, grand port de commerce, la presqu'île du **Cotentin** que terminent la pointe de *Barfleur*, le port militaire de *Cherbourg* et le *cap de la Hague;* le **golfe de Saint-Malo** et la grande **péninsule de Bretagne** à l'extrémité de laquelle sont la **pointe de Saint-Mathieu**, l'île d'*Ouessant* et le port militaire de **Brest**.

2. — **Côte de l'ouest**. — Le *côté ouest* est baigné par l'**océan Atlantique** et le **golfe de Gascogne**. Les principales îles sont **Belle-Ile, Ré** et **Oleron**.

Les ports militaires de *Lorient* et de *Rochefort*, les ports marchands de *Saint-Nazaire* et de *Nantes*, de *la Rochelle*, de **Bordeaux**, de *Bayonne* se trouvent sur la côte ou sur l'estuaire des fleuves. Sur la côte des *Landes*, bordée d'étangs, est le *bassin d'Arcachon*.

3. — **Côte de la Méditerranée**. — Le *côté sud-est* est baigné par la **Méditerranée** qui forme le **golfe du Lion** à l'ouest et le **golfe de Gênes** à l'est.

Le *cap de Creus* est l'extrémité orientale des Pyrénées. La *côte du Languedoc*, sur le golfe du Lion, est basse et bordée d'étangs. *Cette* en est le principal port.

La *côte de Provence* est haute et rocheuse; le *cap* et la *presqu'île de Sicié*, qui abritent le port militaire de **Toulon** et la *presqu'île de Giens*, en sont les principales proéminences. **Marseille** et *Nice* en sont les ports de commerce.

4. — A 170 kilomètres en mer se trouve la grande île de **Corse**, qui fait partie du territoire français.

5. — Ainsi, la France est riveraine des deux grandes mers qui baignent l'Europe : l'océan Atlantique (avec la mer du Nord, etc.) et la Méditerranée.

LES COURS D'EAU ET LES LACS.

6. — **Versants.** — Les eaux coulent conformément à la pente du sol. La direction la plus générale en France est *vers l'ouest* (sud-ouest, ouest, nord-ouest). Cependant l'obstacle des Cévennes, arrêtant les eaux qui viennent du Jura et des Alpes, les fait couler *vers le sud* dans la Méditerranée.

De là, deux grands versants : le **versant de l'Océan** et le **versant de la Méditerranée** dont les **Cévennes** et leurs prolongements marquent la limite.

7. — **Versant de la Méditerranée**. — Le *versant de la Méditerranée* n'a qu'un grand bassin fluvial.

Le **bassin du Rhône** occupe l'espace compris entre les *Alpes* et le *Jura* à l'est et les *Cévennes* à l'ouest. Le **Rhône**, qui coule d'abord en Suisse, puis en France vers le sud-ouest, se replie brusquement au sud (à *Lyon*) lorsqu'il rencontre la barrière des Cévennes.

8. — Son principal affluent, la **Saône**, occupe un bassin particulier, situé au nord de celui du Rhône.

Les affluents de la rive gauche descendent des Alpes et coulent vers le sud-ouest, comme l'*Isère* et la *Durance*. Ceux de la rive droite, au-dessous de la Saône, sont des torrents, comme l'*Ardèche*, descendant des Cévennes.

9. — Les principaux fleuves secondaires sont, à droite, l'*Argens;* à gauche, l'*Hérault* et l'*Aude*.

10. — **Versant de l'Océan**. — Le *versant de l'Océan* comprend quatre grands bassins.

Le **bassin de la Garonne** occupe l'espace situé entre les *Pyrénées*, les *Cévennes* et l'*Arête du Massif central*. La source de la **Garonne** est en Espagne, dans les Pyrénées. Le fleuve coule vers le nord, puis se replie vers le nord-ouest (à *Toulouse*) lorsqu'il rencontre les dernières pentes du Massif central.

Au-dessous de *Bordeaux*, il se termine par un estuaire qui porte le nom de *Gironde* (depuis le confluent de la Dordogne).

11. — Il reçoit à gauche (et, dans son cours supérieur, à droite) des affluents peu considérables venus de la région pyrénéenne. Il reçoit à droite (au-dessous de Toulouse) de grandes rivières qui traversent le Massif central : le *Tarn*, le *Lot*, la **Dordogne**.

12. — Les principaux fleuves secondaires sont l'*Adour*, à gauche, et la *Charente*, à droite.

13. — Le **bassin de la Loire** est situé entre l'*Arête du Massif central* au sud, les *Cévennes* à l'est et les *collines de Normandie* au nord. La **Loire**, le plus long fleuve de France (980 kilomètres), prend sa source dans les Cévennes, coule vers le nord, se détourne vers le nord-ouest devant le Morvan ; puis, au-delà d'*Orléans*, vers le sud-ouest et l'ouest et, après avoir arrosé *Nantes*, se jette dans l'*océan Atlantique* par une large embouchure.

14. — Les principaux affluents de la rive gauche de de la Loire, l'*Allier* et la *Vienne*, descendent du Massif central; à droite, la *Sarthe* et la *Mayenne* viennent des collines de Normandie.

15. — La *Vilaine* est le principal fleuve secondaire.

16. — Le **bassin de la Seine** occupe les plaines situées au nord du bassin de la Loire entre le *Morvan*, le *plateau de Langres*, l'*Ardenne* et les *collines de Normandie*. Le fleuve coule en serpentant vers le nord-ouest. Il baigne *Paris*, *Rouen* et se jette dans la *Manche* au *Havre* par un estuaire.

17. — Ses principaux affluents sont l'*Yonne*, à gauche; la *Marne* et l'*Oise* grossie de l'*Aisne*, à droite.

18. — Les principaux fleuves secondaires sont l'*Orne*, à gauche, et la *Somme*, à droite.

Le **bassin de la mer du Nord** est situé au nord et à l'est de celui de la Seine dont il n'est séparé que par des collines. Il comprend le bassin de l'**Escaut** au nord, et, à l'est, ceux de la **Meuse** et de la **Moselle**, affluent du Rhin. Depuis la guerre funeste de 1870-1871, la France ne possède plus de territoire dans le bassin du Rhin proprement dit.

FRANCE (ANCIENNES PROVINCES ET DÉPARTEMENTS)

LECTURE

Les provinces ont été les divisions historiques de la France durant les siècles qui se sont écoulés entre l'établissement de la féodalité et la révolution de 1789. Presque toutes étaient, au moyen âge, des duchés ou des comtés et leurs seigneurs étaient les grands vassaux du roi. Même dans les temps modernes, lorsque l'autorité royale eût presque entièrement remplacé le gouvernement féodal, plusieurs provinces ont conservé jusqu'en 1789 une administration distincte et des privilèges; beaucoup étaient régies par des lois particulières qui portaie le nom de « coutumes ». La plupart avaient leur dialecte particulie ces dialectes appartenaient à deux langues, celle du nord ou lang d'oïl et celle du sud (bassin de la Garonne et provinces méditerr néennes) ou langue d'oc.

La division par départements a donné aux circonscriptions admini tratives de la France une uniformité qu'elles n'avaient pas auparavan

IX

LA FRANCE POLITIQUE — DÉPARTEMENTS

Avant 1789, la France était divisée, sous le rapport ilitaire, en 33 grands gouvernements ou **provinces**.

La *division en départements date de 1790*. La France omprend **86 départements** et *u. territoire*.

Elle comprenait 89 départements avant la perte de Alsace-Lorraine.

Les limites des départements ne correspondent pas exactement à celles des anciennes provinces. Ni les unes ni les autres ne correspondent aux limites des bassins. On peut grouper cependant approximativement les départements par province en premier lieu; en second lieu, par bassin ou par région. Ces groupements aident la mémoire à retenir la position relative des départements. D'ailleurs les noms de département, étant presque tous empruntés aux montagnes, aux cours d'eaux ou aux côtes, rappellent facilement cette position à qui sait bien la géographie physique.

ANCIENNES PROVINCES.	DÉPARTEMENTS FORMÉS EN TOTALITÉ OU EN MAJEURE PARTIE du territoire de ces provinces.	CHEFS-LIEUX des DÉPARTEMENTS.
1° Bassin de la Seine (ou région des cours d'eau tributaires de la **Manche**).		
1. **Normandie**	Seine-Inférieure	*Rouen.*
	Eure	*Evreux.*
	Calvados	*Caen.*
	Orne	*Alençon.*
2. **Ile-de-France**	Seine-et-Oise	*Versailles.*
	Seine	*Paris.*
	Seine-et-Marne	*Melun.*
	Oise	*Beauvais.*
	Aisne	*Laon.*
3. **Champagne**	Ardennes	*Mézières.*
	Marne	*Châlons-sur-Marne.*
	Aube	*Troyes.*
	Haute-Marne	*Chaumont.*
4. **Picardie**	Somme	*Amiens.*
Orléanais (une partie).	Eure-et-Loir	*Chartres.*
Bourgogne (une partie).	Yonne	*Auxerre.*
Bretagne (une partie).	Côtes-du-Nord	*Saint-Brieuc.*
2° Bassin de la Mer du Nord. (Escaut, Meuse et Rhin).		
5. **Artois**	Pas-de-Calais	*Arras.*
6. **Flandre**	Nord	*Lille.*
7. **Lorraine**	Meuse	*Bar-le-Duc.*
	Meurthe-et-Moselle	*Nancy.*
	Vosges	*Epinal.*
3° Bassin du Rhône. (ou région des cours d'eau tributaires de la **Méditerranée**).		
8. **Bourgogne** (moins le dép. de l'*Yonne*)	Côte-d'Or	*Dijon.*
	Saône-et-Loire	*Mâcon.*
	Ain	*Bourg.*
9. **Franche-Comté**	Haute-Saône	*Vesoul.*
	Doubs	*Besançon.*
	Jura	*Lons-le-Saunier.*
0. *Alsace*	Territoire de Belfort	*Belfort.*
1. **Lyonnais** (moins le dép. de la *Loire*)	Rhône	*Lyon.*
2. **Savoie**	Haute-Savoie	*Annecy.*
	Savoie	*Chambéry.*
3. **Dauphiné**	Isère	*Grenoble.*
	Drôme	*Valence.*
	Hautes-Alpes	*Gap.*
4. **Comtat-Venaissin.**	Vaucluse	*Avignon.*
5. **Provence**	Bouches-du-Rhône	*Marseille.*
	Var	*Draguignan.*
	Basses-Alpes	*Digne.*
6. **Comté de Nice**	Alpes-Maritimes	*Nice.*

ANCIENNES PROVINCES.	DÉPARTEMENTS FORMÉS EN TOTALITÉ OU EN MAJEURE PARTIE du territoire de ces provinces.	CHEFS-LIEUX des DÉPARTEMENTS.
17. **Languedoc** (moins les dép. de la *Lozère*, du *Tarn* et de la *Haute-Garonne*)	Ardèche	*Privas.*
	Gard	*Nîmes.*
	Hérault	*Montpellier.*
	Aude	*Carcassonne.*
18. **Roussillon**	Pyrénées-Orientales	*Perpignan.*
19. **Corse**	Corse	*Ajaccio.*
4° Bassin de la Garonne. (ou région des cours d'eau tributaires du **golfe de Gascogne**).		
Languedoc (une partie).	Lozère	*Mende.*
	Tarn	*Albi.*
20. **Guyenne** et **Gascogne**	Haute-Garonne	*Toulouse.*
	Aveyron	*Rodez.*
	Lot	*Cahors.*
	Lot-et-Garonne	*Agen.*
	Tarn-et-Garonne	*Montauban.*
	Gironde	*Bordeaux.*
	Landes	*Mont-de-Marsan.*
	Gers	*Auch.*
	Hautes-Pyrénées	*Tarbes.*
21. **Comté de Foix**	Ariège	*Foix.*
22. **Béarn**	Basses-Pyrénées	*Pau.*
23. **Angoumois**	Charente	*Angoulême.*
24. **Aunis** et **Saintonge**	Charente-Inférieure	*La Rochelle.*
25. **Poitou** (moins le dép. de la *Vienne*)	Deux-Sèvres	*Niort.*
	Vendée	*La Roche-sur-Yon.*
Limousin (une partie).	Corrèze	*Tulle.*
Auvergne (une partie).	Cantal	*Aurillac.*
5° Bassin de la Loire. (ou région des cours d'eau tributaires de l'**océan Atlantique** proprement dit).		
Poitou (une partie)	Vienne	*Poitiers.*
26. **Limousin** (moins le dép. de la *Corrèze*)	Haute-Vienne	*Limoges.*
27. **Auvergne** (moins le dép. du *Cantal*)	Puy-de-Dôme	*Clermont-Ferrand.*
Languedoc (une partie).	Haute-Loire	*Le Puy.*
28. **Orléanais** (moins le dép. d'*Eure-et-Loir*)	Loiret	*Orléans.*
	Loir-et-Cher	*Blois.*
Lyonnais (une partie).	Loire	*Saint-Etienne.*
29. **Marche**	Creuse	*Guéret.*
30. **Bourbonnais**	Allier	*Moulins.*
31. **Nivernais**	Nièvre	*Nevers.*
32. **Berri**	Cher	*Bourges.*
	Indre	*Châteauroux.*
33. **Touraine**	Indre-et-Loire	*Tours.*
34. **Maine**	Sarthe	*Le Mans.*
	Mayenne	*Laval.*
35. **Anjou**	Maine-et-Loire	*Angers.*
36. **Bretagne** (moins le dép. des *Côtes-du-Nord*)	Loire-Inférieure	*Nantes.*
	Ille-et-Vilaine	*Rennes.*
	Morbihan	*Vannes.*
	Finistère	*Quimper.*

On peut aussi grouper les provinces en cinq régions :

1° **Région du nord-ouest et du nord**, comprenant la *Flandre*, l'*Artois*, la *Picardie*, la *Normandie*, la *Bretagne*, l'*Anjou*, le *Maine*, l'*Ile-de-France*.

2° **Région du nord-est**, comprenant la *Champagne*, la *Lorraine*, le reste de l'*Alsace*, la *Franche-Comté* et la *Bourgogne*.

3° **Région du sud-est**, comprenant le *Lyonnais*, le *Dauphiné*, la *Savoie*, le *Comtat-Venaissin*, la *Provence*, le *Comté de Nice*, le *Languedoc*, le *Roussillon* et la *Corse*.

4° **Région du sud-ouest**, comprenant la *Guyenne et Gascogne*, le *Béarn*, l'*Angoumois*, l'*Aunis et Saintonge* et le *Poitou*.

5° **Région du centre**, comprenant la *Touraine*, l'*Orléanais*, le *Berri*, la *Marche*, le *Limousin*, l'*Auvergne*, le *Bourbonnais* et le *Nivernais*.

On peut, avec des portions des trois dernières régions, en former une sixième, celle du **Massif central**, qui a un caractère particulier par son altitude, son sol et son climat et qui comprend en totalité ou en partie le *Languedoc*, la *Guyenne*, le *Lyonnais*, l'*Auvergne*, le *Limousin* et la *Marche*.

BASSIN DE LA SEINE (MANCHE) ET DE LA MER DU NORD

Échelle = 1:3.500.000

0 50 100 200 k

1 millimètre pour 3 kilom ½

Les chefs-lieux de départements sont en CAPITALES

Les sous-préfectures sont en romain

Les autres villes sont en *italique*

Les départements sont coloriés en teintes plates

Limite des départements

des provinces

des bassins

Les noms de montagnes se trouvent sur les quatre cartes des départements par bassin, mais les montagnes ne sont pas représentées.

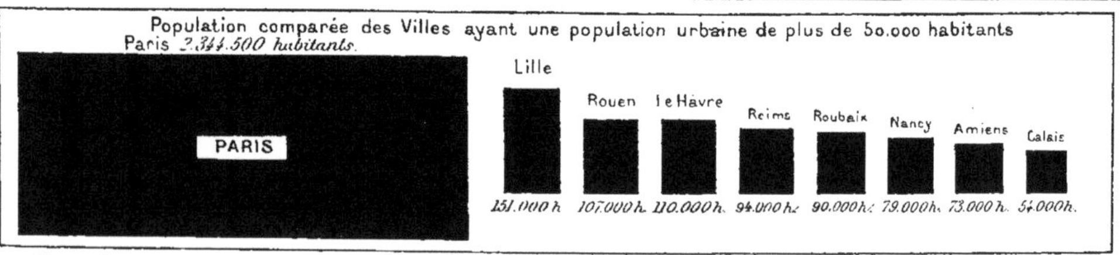

Nota. — Les rectangles placés au bas des cartes (page 23, 25, 27, 29) étant dressés à la même échelle, représentent par des surfaces proportionnelles l'importance relative de la population urbaine des villes de plus de 50,000 habitants.

X

LA FRANCE PHYSIQUE ET POLITIQUE — BASSIN DE LA SEINE (MANCHE) ET DE LA MER DU NORD

LA GÉOGRAPHIE PHYSIQUE

1. — **Bassin**. — Le **bassin de la Seine** ou de la **Manche**, comprenant le bassin de la Seine et ses bassins secondaires, a pour limites : au sud, les **collines de Normandie** et les *coteaux du Perche*, la plaine de *Beauce*, les *collines du Nivernais* et le massif du **Morvan** qui le séparent du bassin de la Loire; à l'est, le **plateau de Langres**, les *collines à l'ouest de la Meuse* et l'**Ardenne**; au nord, le *plateau de l'Artois*.

Dans l'intérieur du bassin sont des collines, des vallées, des plateaux ; les plaines dominent. Les deux principaux plateaux sont la *Brie* et le *pays de Caux*.

2. — **Fleuve**. — La **Seine** (776 kilomètres de cours) prend sa source dans un vallon boisé du plateau de Langres (dép. de la Côte-d'Or). Elle descend vers le nord-ouest sur la pente du plateau, arrose *Troyes* en Champagne, contourne par le sud le plateau de la Brie et baigne *Melun*. Elle traverse **Paris**. Puis elle coule vers le nord-ouest en formant une suite de méandres, passe à **Rouen** et se jette dans la baie de la Seine par un estuaire à l'extrémité duquel est le **Havre**.

3. — **Affluents de gauche**. — L'**Yonne** descend du Morvan, coule vers le nord-ouest et arrose *Auxerre*.

L'**Eure** descend des collines du Perche en coulant vers l'est, arrose *Chartres*, puis se replie vers le nord.

4. — **Affluents de droite**. — L'*Aube* a un cours à peu près parallèle à celui de la Seine.

La **Marne** naît sur le plateau de Langres et coule parallèle à la Seine. Elle passe à *Chaumont*, à *Châlons-sur-Marne*, traverse dans une fertile vallée le plateau de la Brie et se jette dans la Seine près de Paris.

L'**Oise** naît au pied de l'Ardenne et coule au sud-ouest dans un lit canalisé; l'*Aisne* est son principal affluent.

5. — **Fleuves secondaires**. — L'**Orne** prend sa source dans les collines de Normandie et arrose *Caen*.

La **Somme** prend sa source en plaine et arrose *Amiens*.

LA GÉOGRAPHIE POLITIQUE

6. — **Normandie**. — Au bassin de la Manche appartiennent presque entièrement les cinq départements de la **Normandie** :

Manche ; ch.-l. : *Saint-Lô*. Villes principales : *Cherbourg*, port militaire; *Coutances*, belle cathédrale.

Calvados; ch.-l. : **Caen**, monuments remarquables.

Orne; ch.-l. : *Alençon*, sur la Sarthe (bassin de la Loire).

Eure, ch.-l. : *Évreux*. Ville pr. : *Louviers*, draperies.

Seine-Inférieure; ch.-l. : **Rouen**, sur la Seine, ancienne capitale de la Normandie, possède de très beaux monuments, ville de fabriques et de commerce. Ville pr. : **Le Havre**, un des plus grands ports de l'Europe.

7. — **Ile-de-France**. — Les cinq départements de l'**Ile-de-France** :

Seine, le plus petit et le plus peuplé des départements; ch.-l. : **Paris**, sur la Seine (2,300,000 hab.)

Paris, capitale de la France, est la plus grande ville du monde après Londres. Elle est la plus intéressante par le nombre et la variété de ses monuments, de ses promenades et de ses musées; les sciences, les lettres, les arts, l'industrie, le commerce y ont une importance considérable.

Ville pr. : *Saint-Denis*, célèbre par son abbaye et important par ses fabriques.

Seine-et-Oise, qui enveloppe le département de la Seine ; ch.-l. : **Versailles**, ancienne résidence des rois.

Oise; ch.-l. : *Beauvais*.

Aisne; ch.-l. : *Laon*, sur une colline isolée. Ville pr. : **Saint-Quentin**, fabriques de tissus.

Seine-et-Marne ; ch.-l. : *Melun*, sur la Seine. Ville pr. : *Fontainebleau*, célèbre par son château et sa forêt.

8. — **Champagne**. — Presque tous les quatre départements de la **Champagne**.

Aube; ch.-l. : **Troyes**, fabriques de bonneterie.

Haute-Marne, ch.-l. : *Chaumont*. Ville pr. : *Langres*.

Marne; ch.-l. : *Châlons-sur-Marne*. Ville pr. : **Reims**, célèbre par sa cathédrale et par l'industrie des lainages.

Ardennes, département dont la moitié seulement est dans le bassin de la Seine; ch.-l. : *Mézières*.

9. — **Autres départements du bassin**. — **Yonne**, formé en partie de la *Champagne*, en partie de la *Bourgogne*; ch.-l. : **Auxerre**.

Eure-et-Loir (*Orléanais*) en partie dans le bassin de la Seine; ch.-l. : *Chartres*, cathédrale remarquable.

Somme (*Picardie*) ; ch.-l. : **Amiens**, belle cathédrale.

LE BASSIN DE LA MER DU NORD

10. — **Bassin de l'Escaut**. — L'**Escaut** prend sa source en plaine; la plus petite partie de son cours est en France. Son bassin comprend deux départements :

11. — **Pas-de-Calais** (*Artois*), en partie dans le bassin de la Manche ; ch.-l. : *Arras*, sur la Scarpe, affluent de l'Escaut. Villes pr. : **Boulogne** et **Calais**, ports de mer.

Nord (*Flandre*), le département le plus peuplé après celui de la Seine ; ch.-l. : **Lille**, grande ville manufacturière. Villes pr. : *Valenciennes* ; **Roubaix**, qui compte plus de 100,000 habitants, et *Tourcoing*, fabriques de lainages; **Dunkerque**, port sur la mer du Nord.

12. — **Bassins de la Meuse et de la Moselle**. — La **Meuse** naît sur le plateau de Langres ; coule au nord-ouest dans un étroit bassin et arrose *Mézières*.

La **Moselle** prend sa source dans les Vosges, coule vers le nord et se grossit de la *Meurthe* qui baigne *Nancy*.

Les trois départements de la **Lorraine**, dont la France a perdu en 1870 la partie septentrionale, appartiennent presque entièrement au bassin de ces deux cours d'eau.

Meuse, ch.-l. : *Bar-le-Duc*.

Meurthe-et-Moselle; ch.-l. : **Nancy**, dont la grande place rappelle le séjour du roi de Pologne Stanislas.

Vosges ; ch.-l. : *Épinal*.

BASSIN DU RHÔNE (MÉDITERRANÉE)

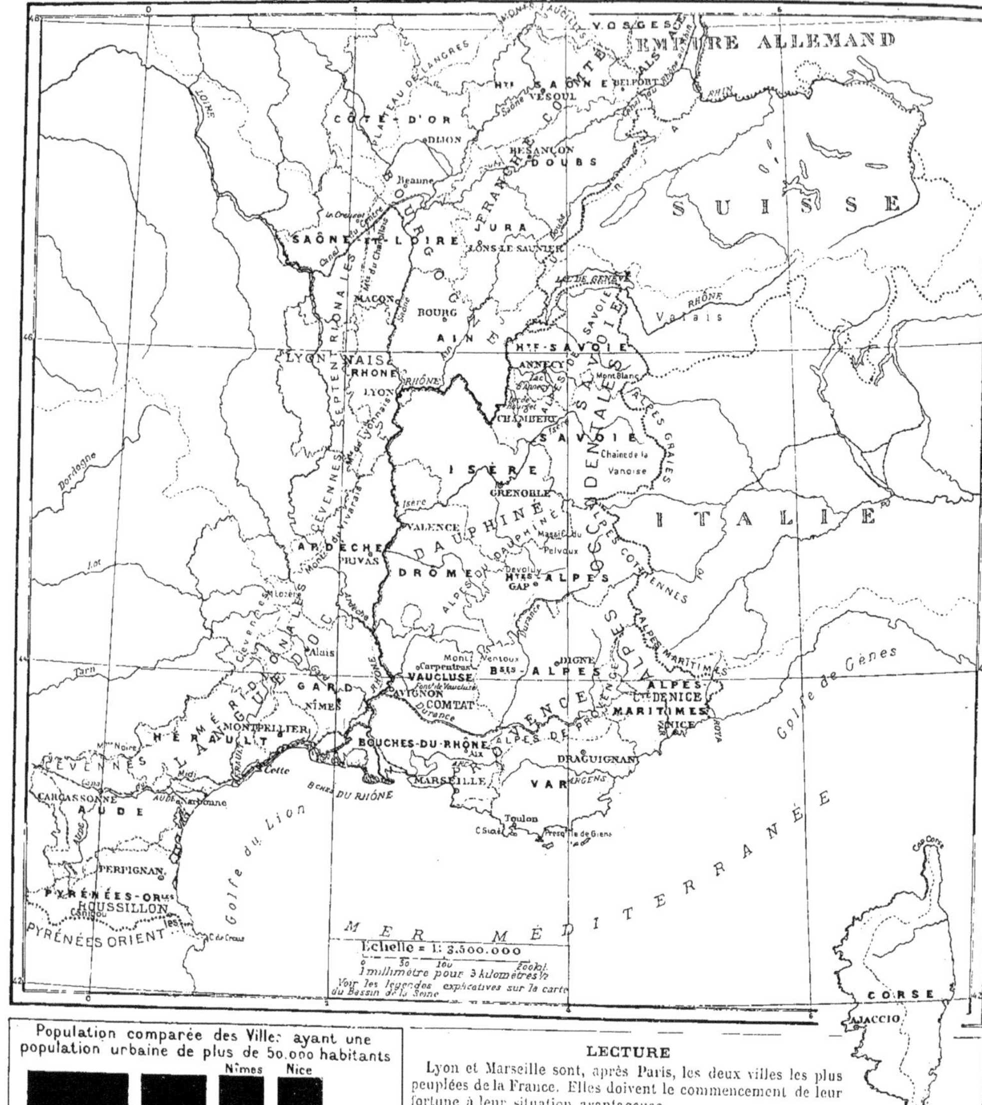

Population comparée des Villes ayant une population urbaine de plus de 50.000 habitants

Lyon	367.000 hab
Marseille	263.000 h.
Nîmes	62.000 hab
Nice	65.000 h.
Toulon	66.000 h.
Dijon	66.000 h.
Montpellier	53.000 h.

LECTURE

Lyon et Marseille sont, après Paris, les deux villes les plus peuplées de la France. Elles doivent le commencement de leur fortune à leur situation avantageuse.

Lyon a été fondé dans l'antiquité par les Romains après la conquête de la Gaule, au confluent du Rhône et de la Saône, les deux cours d'eau les plus fréquentés alors par la navigation ; Lyon se trouve, en outre, en face des Alpes dont les cols donnent passage aux routes d'Italie en Gaule. Marseille, fondé par des Grecs 600 ans av. J.-C., est le port du Rhône ; c'était le grand débouché de la Gaule ; c'est encore aujourd'hui le grand port de la France sur la Méditerranée.

XI

LA FRANCE PHYSIQUE ET POLITIQUE — BASSIN DU RHÔNE (MÉDITERRANÉE)

LA GÉOGRAPHIE PHYSIQUE

1. — **Bassin**. — Le bassin du Rhône ou de la Méditerranée, comprenant le bassin du Rhône et ses bassins secondaires, a pour limites, à l'est, en France, la crête principale des **Alpes Occidentales**, la crête orientale du **Jura**; au nord, le pied des **Vosges** et les monts *Faucilles;* à l'ouest, le *plateau de Langres*, les **Cévennes** (septentrionales et méridionales) et les **Pyrénées orientales**.

2. — **Relief**. — Les **Alpes** couvrent de leurs chaînes tout le sud-est du bassin. Leur plus haut sommet, le **mont Blanc** (4,810 mètres), ainsi nommé à cause de ses immenses champs de neige et de ses magnifiques glaciers, est situé sur la frontière et fait partie de la crête principale. Leurs chaînes latérales portent les noms des anciennes provinces : *Alpes de Savoie*, *Alpes du Dauphiné*, qui renferment la chaîne *de la* **Vanoise** et le **Massif du Pelvoux**, tout couverts de neige; *Alpes de Provence*, dont le *Ventoux* est un des sommets.

3. — Le **Jura** est un plateau sillonné de vallées pittoresques, situé en majeure partie dans le bassin de la Saône.

Les **Cévennes** comprennent les *monts du Charollais*, *du Lyonnais*, *du Vivarais*, les *Cévennes* proprement dites, qui commencent au *mont Lozère*, et la *montagne Noire*.

La *Côte d'Or*, qui doit son nom à ses riches vignobles, est située dans l'intérieur du bassin de la Saône.

Le *Canigou* est un des beaux sommets des **Pyrénées orientales**.

4. — **Fleuve**. — Le **Rhône** (812 kil.) prend sa source dans un beau glacier des Alpes; il descend d'un cours torrentueux le Valais entre deux hautes chaînes de montagnes, forme le grand **lac de Genève**, coule vers l'ouest dans une gorge étroite au pied du Jura et baigne *Lyon* au confluent de la Saône. Le fleuve, arrêté par les Cévennes, se détourne brusquement vers le sud et coule au pied de la chaîne en arrosant *Valence* et *Avignon*. Le limon qu'il charrie a formé un delta.

5. — **Affluents de gauche**. — Tous les affluents de gauche viennent des Alpes; ce sont des torrents qui coulent dans de profondes et pittoresques vallées : l'**Isère** qui arrose *Grenoble*, la **Durance** qui descend, comme l'Isère, vers le sud-ouest.

La belle *fontaine de Vaucluse* et les *lacs d'Annecy* et du *Bourget* portent leurs eaux au Rhône.

6. — **Affluents de droite**. — *L'Ain* coule dans une étroite vallée du Jura.

La **Saône** prend sa source dans les monts Faucilles, coule lentement vers le sud au pied du plateau de Langres et des Cévennes, baigne *Mâcon* et se réunit au Rhône à Lyon. Le *Doubs* est son principal affluent.

L'*Ardèche* et le *Gard* sont les principaux torrents des Cévennes que reçoit le Rhône.

7. — **Fleuves secondaires**. — L'*Arc*, l'*Argens* et le *Var*, venu des Alpes, à gauche; L'**Hérault**, venu des Cévennes, et l'**Aude**, venu des Pyrénées, à droite.

LA GÉOGRAPHIE POLITIQUE

8. — **Bourgogne**. — A ce bassin appartiennent trois départements de la **Bourgogne** :

Côte-d'Or, en partie dans le bassin de la Seine; ch.-l. **Dijon**, ancienne capitale de la province. Ville pr. : *Beaune*, dont le vin est renommé.

Saône-et-Loire, en partie dans le bassin de la Loire; ch.-l. *Mâcon*, commerce de vins. Ville pr. : *le Creusot*, grande usine métallurgique.

Ain; ch.-l. *Bourg*.

9. — **Franche-Comté**. — Les trois départements de la **Franche-Comté** :

Haute-Saône; ch.l. *Vesoul*.

Doubs; ch.-l. **Besançon**, ville forte sur le Doubs.

Jura; ch.-l. *Lons-le-Saunier*.

10. — **Belfort**. — Le territoire de *Belfort*, seul reste de l'*Alsace* que la France ait conservé.

11. — **Rhône**. — Le **Rhône** (*Lyonnais*); ch.-l. **Lyon**, au confluent de la Saône et du Rhône, la seconde ville de France par sa population et par l'importance de ses industries, centre du commerce des soieries.

12. — **Savoie**. — Les deux départements de la **Savoie**.

Haute-Savoie; ch.-l. *Annecy*, sur le bord d'un lac.

Savoie; ch-l. *Chambéry*, non loin du lac du Bourget.

13. — **Dauphiné**. — Les trois départ. du **Dauphiné**:

Isère; ch.-l. **Grenoble**, ville forte, au pied de la Grande-Chartreuse.

Drôme; ch-l. *Valence*.

Hautes-Alpes; ch.-l. *Gap*, entouré de montagnes.

14. — **Comtat**. — Le dép. de **Vaucluse** (*comtat Venaissin*); ch.-l. **Avignon**, ancienne résidence des papes.

15. — **Provence**. — Les trois dép. de la **Provence** :

Bouches-du-Rhône; ch.-l. **Marseille**, ville presque aussi peuplée que Lyon et le port le plus commerçant de la France. Ville pr. : *Aix*, ancienne ville de parlement.

Basses-Alpes; ch.-l. *Digne*, au milieu des montagnes.

Var; ch-l. *Draguignan*. Ville pr. : **Toulon**, port militaire, au fond d'une belle rade.

16. — **Comté de Nice**. — Le dép. des **Alpes-Maritimes** (*comté de Nice*); ch.-l. **Nice**, ville de plaisance, où la douceur du climat attire les étrangers.

17. — **Languedoc**. — Quatre dép. du **Languedoc** :

Ardèche; ch.-l. *Privas*.

Gard; ch.-l. *Nîmes*, ancienne cité romaine. Ville pr. : *Alais*, mines de houille et usines.

Hérault; ch.-l. *Montpellier*, célèbre par ses écoles. Ville pr. : **Cette**, port de commerce.

Aude; ch.-l. *Carcassonne*. Ville pr. : *Narbonne*.

18. — **Autres départements**. — Le dép. des **Pyrénées-Orientales** (*Roussillon*); ch.-l. *Perpignan*.

Le dép. de la **Corse**; ch.-l. *Ajaccio*, île très montagneuse.

BASSIN DE LA GARONNE (GOLFE DE GASCOGNE)

ÉCHELLE 1 : 3.500.000 ou 1 Centimètre pour 35 Kil.

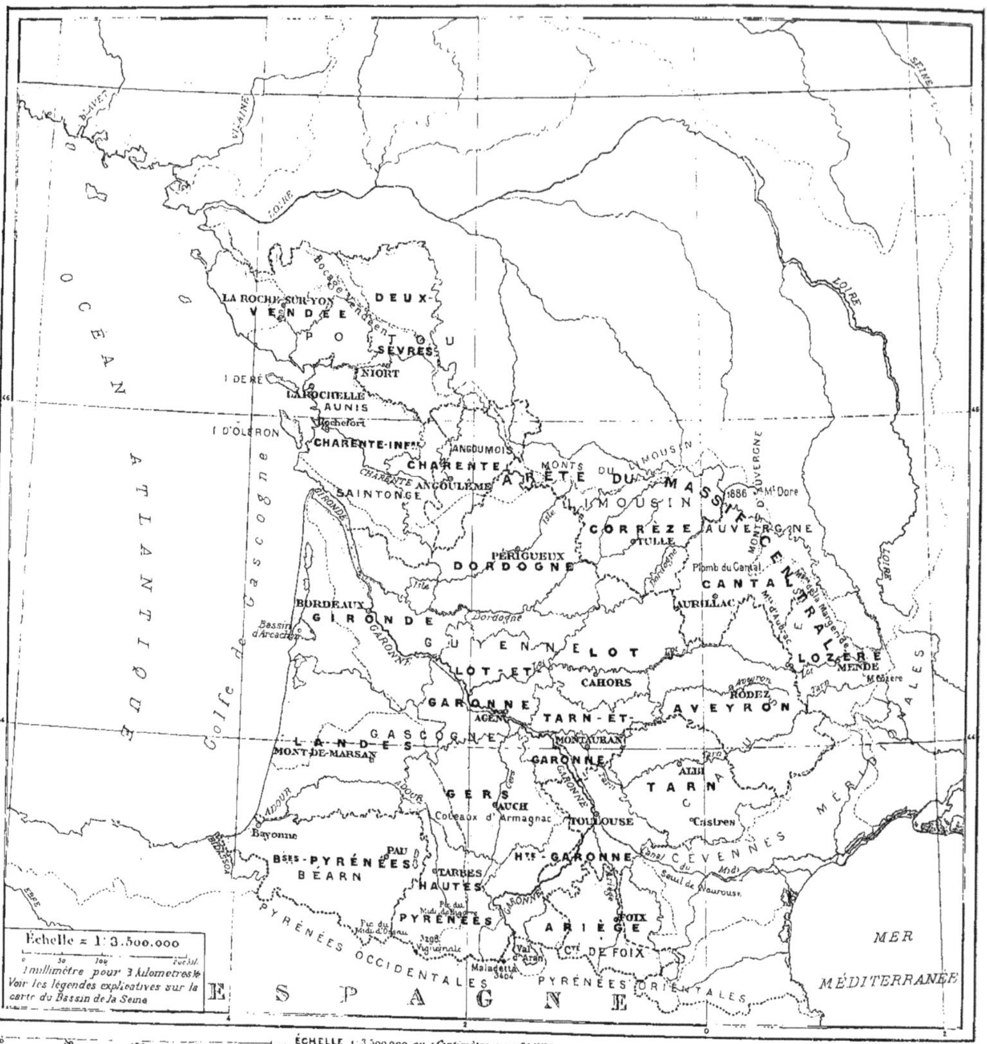

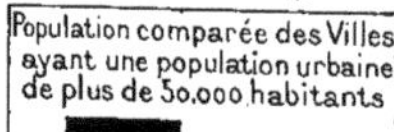

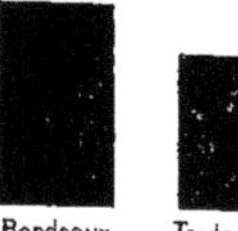

LECTURE

Les deux principales villes du bassin de la Garonne doivent, comme la plupart des grandes cités, une partie de leur fortune à leur position.

Toulouse est situé au coude de la Garonne. De cette ville à l'Océan, la Garonne est facilement navigable. De la Méditerranée à la Garonne, le chemin le plus court aboutit à cette ville; c'est aussi le plus commode, parce que, passant par le seuil de Naurouse, il ne franchit pas de montagnes. Aussi la ville de Toulouse a-t-elle, dès l'antiquité, été le grand entrepôt du commerce entre la Méditerranée et la Garonne. Le canal du Midi, construit au XVIIe siècle, et aujourd'hui le chemin de fer facilitent les communications de Toulouse avec la Méditerranée.

Bordeaux est le port de ce bassin. Il est situé comme Nantes et Rouen, en un point du fleuve où la marée, se faisant encore fortement sentir, facilite aux navires la remonte comme la descente et permet ainsi au commerce maritime de pénétrer profondément dans l'intérieur des terres.

XII

LA FRANCE PHYSIQUE ET POLITIQUE — BASSIN DE LA GARONNE (GOLFE DE GASCOGNE)

LA GÉOGRAPHIE PHYSIQUE

1. — **Bassin.** — Le **bassin de la Garonne** ou du **golfe de Gascogne**, comprenant le bassin de la Garonne et les bassins secondaires, a pour limites : à l'est, les **Cévennes** (méridionales); au nord, l'**Arête du Massif central** et le *Bocage vendéen;* au sud, les **Pyrénées** (orientales et occidentales).

2. — **Relief.** — Toute la partie nord-est du bassin appartient au **Massif central**. Le *mont de la Margeride*, les **monts d'Auvergne**, avec le *Plomb du Cantal* et le *Mont-Dore* (1,886 mètres), les *monts du Limousin* forment l'arête, c'est-à-dire la partie la plus haute et la ligne de partage des eaux du Massif central. Au sud de cette arête sont les *monts d'Aubrac* et la région des **Causses**, formée de plateaux secs et très peu fertiles.

3. — Les **Pyrénées** (orientales et occidentales) couvrent le sud du bassin de leurs contreforts. Le *Pic du midi de Bigorre*, le *Pic du midi d'Ossau*, le *Vignemale* (3,298 mètres), point culminant des Pyrénées françaises (la Maladetta, 3,404 mètres, étant en Espagne) sont les sommets les plus remarquables.

Les *coteaux d'Armagnac* se trouvent au pied des Pyrénées.

4. — **Fleuve.** — La **Garonne** (605 kilomètres) prend sa source au val d'Aran, dans les Pyrénées espagnoles. Elle coule vers le nord; puis, au sortir des gorges pyrénéennes, vers le nord-ouest en contournant les coteaux d'Armagnac. A *Toulouse*, le fleuve, arrêté par les dernières pentes du Massif central, se détourne et coule à leur pied vers le nord-ouest. Il baigne *Agen* et **Bordeaux** où commence la navigation maritime. Après le confluent de la Dordogne, le fleuve devient un estuaire et prend le nom de **Gironde**.

5. — **Affluents de droite.** — Les premiers affluents, dont le principal est l'*Ariège*, viennent des Pyrénées.

Les autres viennent du Massif central où ils coulent dans des gorges profondes et pittoresques.

Le **Tarn** vient du mont Lozère, arrose *Albi* et *Montauban* et reçoit l'*Aveyron* qui passe près de *Rodez*.

Le **Lot** prend sa source au nord du mont Lozère et arrose *Mende* et *Cahors*.

La **Dordogne** prend sa source au Mont-Dore et reçoit plusieurs affluents; le principal est l'*Isle* qui passe à *Périgueux*.

6. — **Affluents de gauche.** — Ils sont moins importants que ceux de droite; le *Gers* est le principal.

7. — **Fleuves secondaires.** — A gauche, l'**Adour**, qui a sa source dans les Pyrénées, traverse toute la plaine des **Landes** avant de se jeter dans la mer.

A droite, la **Charente** prend sa source dans les monts du Limousin et passe près d'*Angoulême*.

LA GÉOGRAPHIE POLITIQUE

8. — **Languedoc.** — A ce bassin appartiennent : Trois départements du **Languedoc** :

Lozère; ch.-l. *Mende*, encaissé entre deux Causses.

Tarn; ch.-l. *Albi*. Ville pr. : *Castres*, fabriques de draps.

Haute-Garonne; ch.-l. **Toulouse**, ville de plus de 100,000 habitants, importante dès l'antiquité.

9. — **Guyenne et Gascogne.** — Les neuf départements de la **Guyenne et Gascogne**.

Gironde; ch.-l. **Bordeaux**, ville de plus de 200,000 habitants, le grand port de commerce de la région sud-ouest.

Dordogne; ch.-l. *Périgueux*.

Lot-et-Garonne; ch.-l. *Agen*.

Lot; ch.-l. *Cahors*.

Aveyron; ch.-l. *Rodez*.

Tarn-et-Garonne; ch.-l. *Montauban*.

Gers; ch.-l. *Auch*.

Landes; ch.-l. *Mont-de-Marsan*.

Hautes-Pyrénées; ch.-l. *Tarbes*, sur l'Adour.

10. — **Autres départements.** — **Ariège** (*comté de Foix*); ch.-l. *Foix*.

Basses-Pyrénées (*Béarn*); ch.-l. *Pau*, dont le château est remarquable. Ville pr. : *Bayonne*, port sur l'Adour.

Le dép. de la **Charente** (*Angoumois*); ch.-l. **Angoulême**.

Le dép. de la **Charente-Inférieure** (*Aunis et Saintonge*); ch.-l. *La Rochelle*, port de mer. Ville pr. : *Rochefort*, sur la Charente, port militaire.

Deux départements du **Poitou** :

Deux-Sèvres; ch.-l. *Niort*.

Vendée; ch.-l. *La Roche-sur-Yon*.

Le dép. de la **Corrèze** (*Limousin*); ch.-l. *Tulle*.

Le dép. du **Cantal** (*Auvergne*); ch.-l. *Aurillac*.

LECTURE

Les limites des départements correspondent très rarement aux limites des bassins; car les départements sont séparés plutôt par des cours d'eau que par des crêtes de montagnes. Néanmoins le groupement des départements par bassin est commode pour la mémoire, parce que la majorité des noms de département est tirée des cours d'eau, et le plus exact, parce que les bassins ont des limites précises.

Mais il ne faut pas oublier que chaque bassin comprend des régions qui diffèrent par le climat, par les cultures, par l'industrie. Ainsi, le climat de la Haute-Saône et celui du Var sont bien différents. Souvent un même département appartient à plusieurs régions; le nord du département de l'Hérault, qui fait partie du Massif central, ne ressemble pas au sud qui fait partie de la plaine méditerranéenne.

En groupant les départements par régions (voir page 22), on obtient une division moins précise, mais plus conforme au régime climatérique et agricole : *région du nord-ouest et nord* (correspondant à peu près aux bassins de la Seine, de la Bretagne et de l'Escaut); *région du nord-est* (bassins de la Meuse et du Rhin); *région du sud-est* (majeure partie du bassin du Rhône); *région du sud-ouest* (majeure partie du bassin de la Garonne); *région du centre*, qui se divise en région des *plaines du centre* (partie du bassin de la Loire) et région du *Massif central* (bassins de la Garonne et de la Loire et partie du bassin du Rhône).

BASSIN DE LA LOIRE (OCÉAN ATLANTIQUE) ET DE LA BRETAGNE

LECTURE

Sur la Loire, comme sur la Garonne, la ville la plus peuplée est le port situé non loin du point extrême où la marée se fait sentir : c'est Nantes. Comme les gros navires remontent difficilement jusque là à cause du peu de profondeur du fleuve, et que la navigation emploie aujourd'hui des bâtiments d'un plus fort tonnage qu'autrefois, il s'est formé à l'embouchure même un port nouveau, Saint-Nazaire, qui, comme le Havre sur la Seine, mais dans de moindres proportions, enlève à l'ancien port une partie de sa clientèle.

Trois autres villes de plus de 50,000 habitants, Angers, Tours et Orléans sont situées sur le fleuve ou à proximité (Angers sur la Maine) du fleuve et doivent aussi à cette situation une partie de leur importance commerciale.

Population comparée des Villes ayant une population urbaine de plus de 50.000 habitants

Ville	Population
Nantes	120.000 hab.
St Étienne	107.000 h.
Angers	71.000 h.
Brest	70.000 h.
Limoges	63.000 h.
Rennes	62.000 h.
Tours	59.000 h.
Orléans	57.000 h.
Le Mans	52.000 h.

XIII

LA FRANCE PHYSIQUE ET POLITIQUE — BASSIN DE LA LOIRE (OCÉAN ATLANTIQUE) ET BRETAGNE

LA GÉOGRAPHIE PHYSIQUE

1. — **Bassin**. — Le **bassin de la Loire** ou de l'**océan Atlantique** proprement dit, comprenant le bassin de la Loire et ses bassins secondaires, a pour limites, au sud, le *Bocage vendéen* et l'**Arête du Massif central**; à l'est les **Cévennes septentrionales**; au nord, du *Morvan* aux *collines de Normandie*, il est limitrophe du bassin de la Seine dont aucun relief nettement accusé ne le sépare dans sa partie centrale.

2. — **Relief**. — Toute la partie méridionale du bassin appartient au **Massif central**. Les **monts du Forez**, situés entre la Loire et l'Allier, dépendent de ce massif.

3. — **Fleuve**. — La Loire (980 kilomètres) prend sa source au mont Gerbier-de-Jonc (Vivarais). Elle passe au pied du *Puy* et coule vers le nord suivant la pente du terrain. Devant l'obstacle du Morvan, elle se replie vers le nord-ouest, arrose *Nevers* et atteint le point le plus septentrional de son cours, à *Orléans*.

Arrêtée par la haute plaine de la Beauce, elle se replie vers le sud-ouest; elle occupe un large lit qu'elle ne remplit pas en été; elle baigne *Blois*, *Tours*, puis **Nantes** où la navigation devient maritime. Elle débouche dans la mer à *Saint-Nazaire*.

4. — **Affluents de gauche**. — Les principaux affluents de gauche descendent du Massif central.

L'**Allier** coule parallèlement à la Loire, traverse la Limagne, pays fertile, et passe à *Moulins*.

Le **Cher** coule d'abord vers le nord, et se replie, comme la Loire, vers l'ouest.

L'*Indre* passe près de *Châteauroux*.

La **Vienne** se grossit de la *Creuse*.

La *Sèvre Nantaise* descend du Bocage vendéen.

Le **lac de Grandlieu** verse ses eaux dans la Loire.

5. — **Affluents de droite**. — Le principal affluent de droite est la **Maine**, qui passe au pied d'*Angers* et porte au fleuve les eaux des collines de Normandie et des coteaux du Perche que lui apportent la **Sarthe**, grossie du *Loir* et la **Mayenne**.

LA GÉOGRAPHIE POLITIQUE

6. — **Haute-Loire et Loire**. — A ce bassin appartiennent :

Le département de la **Haute-Loire** (*Languedoc*); ch.-l. *Le Puy*, dont le nom signifie « hauteur ».

Le département de la **Loire** (*Lyonnais*); ch.-l. **Saint-Étienne**, ville de plus de 100,000 habitants, importante par ses mines de houille et par les industries de la soie et des armes. Villes pr. : *Roanne*, ville commerçante; *Rive-de-Gier*, dans une contrée de houille et d'usines.

7. — **Autres départements du Massif central**. — Le dép. du **Puy-de-Dôme** (*Auvergne*); ch.-l. **Clermont-Ferrand**, ancienne capitale de l'Auvergne.

Le dép. de la **Creuse** (*Marche*); ch.-l. *Guéret*.

Le dép. de la **Haute-Vienne** (partie du *Limousin*); ch.-l. **Limoges**, sur une hauteur qui domine la Vienne, importantes fabriques de porcelaine.

8. — **Bourbonnais et Nivernais**. — Le dép. de l'**Allier** (*Bourbonnais*); ch.-l. *Moulins*, sur l'Allier. Ville pr. : *Montluçon*, usines métallurgiques.

Nièvre (*Nivernais*); ch.-l. *Nevers*.

9. — **Berri**. — Les deux départ. du **Berri** :

Cher; ch.-l. **Bourges**, belle cathédrale, fonderie de canons.

Indre; ch.-l. *Châteauroux*.

10. — **Départements du centre**. — Le dép. de la **Vienne** (*Poitou*); ch.-l. **Poitiers**, sur une hauteur, ville riche en monuments du moyen âge.

Deux départements de l'**Orléanais** :

Loiret; ch.-l. **Orléans**, sur la rive droite de la Loire, assiégée par les Anglais en 1429 et délivrée par Jeanne d'Arc, prise par les Allemands en 1870.

Loir-et-Cher; ch.-l. *Blois*, château remarquable.

Le dép. d'**Indre-et-Loir** (*Touraine*); ch.-l. **Tours**, belle ville, cathédrale remarquable.

11. — **Maine et Anjou**. — Les deux départements du **Maine** :

Sarthe; ch.-l. le **Mans**, ville de commerce, belle cathédrale.

Mayenne; ch.-l. *Laval*.

Maine-et-Loire (*Anjou*); ch.-l. **Angers**, sur un coteau qui domine la Maine.

LA BRETAGNE

12. — **Bretagne**. — La **Bretagne** est une péninsule qui s'avance entre la Manche et l'Océan. Elle est traversée de l'est à l'ouest par les **monts de Bretagne** qui sont des collines, en partie couvertes de landes.

Les eaux s'y divisent en trois versants.

Celui du sud, qui appartient à l'océan Atlantique, comprend la **Vilaine**, qui passe à *Rennes*, et le *Blavet* qui débouche à *Lorient*.

Celui de l'est comprend l'*Aulne*, qui se jette dans la rade de Brest.

Celui du nord, qui appartient à la Manche, comprend la *Rance* à l'embouchure de laquelle est *Saint-Malo*.

13. — **Départements de la Bretagne**. — La Bretagne a formé cinq départements :

Loire-Inférieure; ch.-l. **Nantes**, ville de plus de 100,000 habitants, grand port de commerce. Ville pr. : *Saint-Nazaire*, port à l'embouchure de la Loire.

Ille-et-Vilaine; ch.-l. **Rennes**. Ville pr. : *Saint-Malo*, port sur le golfe de Saint-Malo.

Côtes-du-Nord; ch.-l. *Saint-Brieuc*.

Morbihan; ch.-l. *Vannes*. Ville pr. : **Lorient**, port militaire.

Finistère; ch.-l. *Quimper*. Ville pr. : **Brest**, port milit.

FRANCE (VOIES DE COMMUNICATION.)

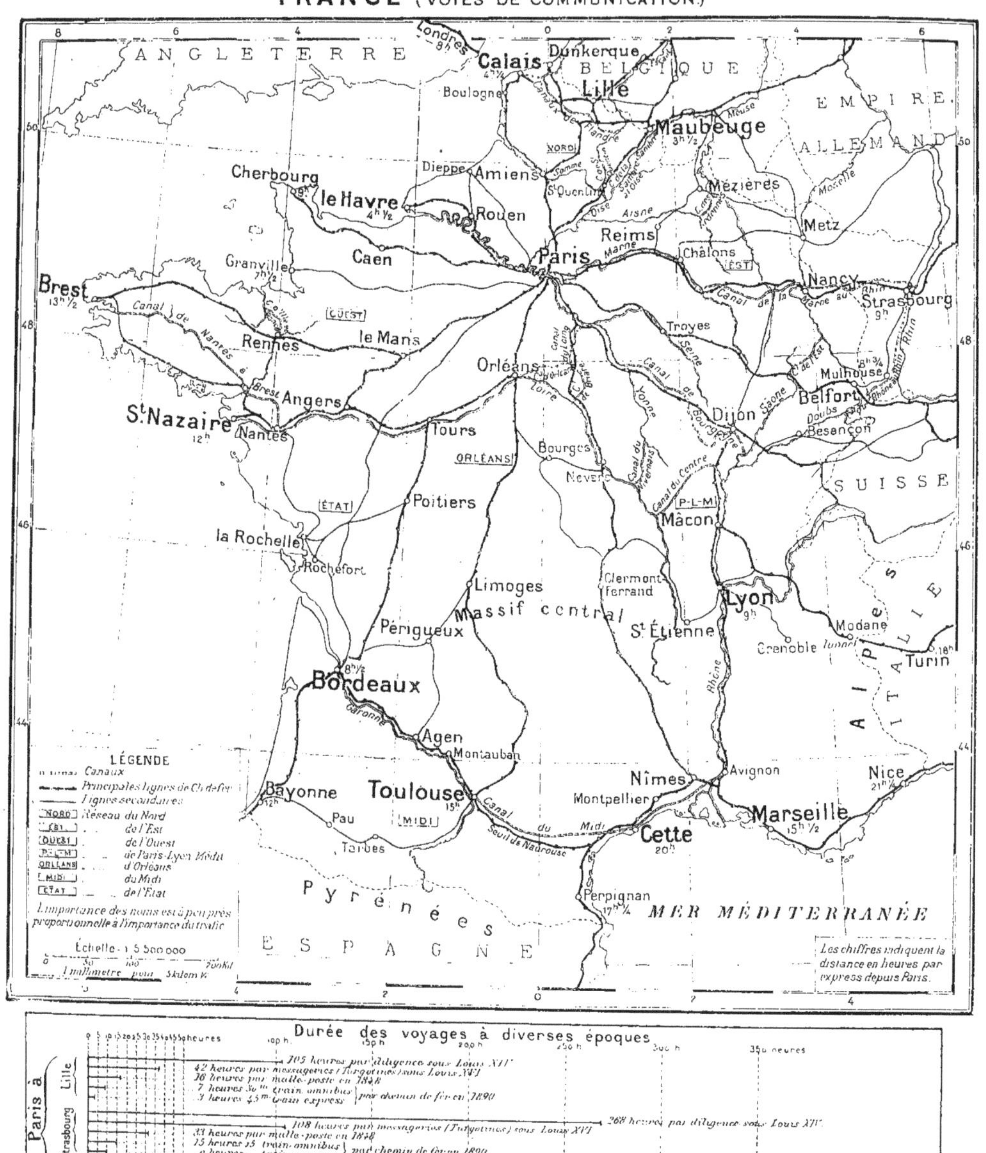

XIV

LA FRANCE ÉCONOMIQUE — VOIES DE COMMUNICATION

1. — **Cours d'eau et canaux.** — Les voies de communication sont nécessaires pour le transport des personnes et des marchandises. De bonnes voies de communication facilitent considérablement le commerce et contribuent beaucoup à la prospérité d'un pays.

Les principaux **cours d'eau** de France sont *navigables* naturellement ou ont été rendus navigables par des travaux de canalisation.

Les **canaux** ont beaucoup amélioré ce mode de communication en permettant aux bateaux de passer d'un bassin dans un autre.

Les transports par eau sont peu coûteux.

Les principaux **canaux** sont :

2. — 1° Dans le bassin de la Seine :

Le **canal de Saint-Quentin**, qui unit l'Oise à la Somme et à l'Escaut ;

Le **canal de la Sambre à l'Oise** et le **canal des Ardennes**, qui unissent l'Oise à la Sambre et l'Aisne à la Meuse ;

Le **canal de la Marne au Rhin**, qui unit la Marne à la Meuse, à la Moselle et au Rhin ;

Le **canal de Bourgogne**, qui unit l'Yonne à la Saône ;

Le **canal du Nivernais** et le **canal du Loing** (canaux de *Briare* et d'*Orléans*), qui unissent la Seine à la Loire.

3. — 2° Dans les autres bassins :

Le **canal de l'Est**, qui unit la Moselle à la Saône ;

Le **canal du Rhône au Rhin**, qui unit le Doubs au Rhin ;

Le **canal du Centre**, qui unit la Loire à la Saône ;

Le **canal du Midi**, qui, passant par le *seuil de Naurouse* entre le Massif central et les Pyrénées, unit la Garonne à la Méditerranée.

La *Bretagne* est traversée par *deux canaux*.

La **Flandre**, qui est une plaine, est *sillonnée de canaux*.

4. — **Routes.** — Les **routes** et chemins, qui sont pavés ou empierrés, facilitent la circulation des voitures.

5. — **Chemins de fer.** — Les **chemins de fer**, dont la construction en France a été poussée activement depuis 1840, sont des routes convenablement aplanies et munies de rails de fer ou d'acier. Sur ces rails roulent avec peu de frottement et avec une très

Fig. 47. — Viaduc.

grande rapidité des locomotives mues par la vapeur qui remorquent des trains de voitures ou de wagons. Un piéton, qui marche bien, fait 6 kilomètres à l'heure. Les trains peuvent faire plus de 70 kilomètres.

Pour construire une voie suffisamment plane, les ingénieurs élèvent, à grands frais, des viaducs sur les vallées et percent des tunnels sous les montagnes.

Fig. 48. — Tunnel.

6. — La France possède aujourd'hui (en 1891) plus de 36,000 *kilomètres* de **chemins de fer**. **Paris** est le centre principal d'où ils rayonnent. Ils desservent presque toutes les villes de quelque importance.

Ils sont presque tous groupés en sept réseaux :

7. — 1° Le réseau de l'**Ouest** dessert *Rouen*, le **Havre**, *Dieppe*, *Caen*, **Cherbourg**, *Granville*, *le Mans*, *Rennes*, **Brest**.

2° Le réseau du **Nord** dessert *Amiens*, **Boulogne** et **Calais**, **Lille**, *Dunkerque*, *Saint-Quentin*, *Maubeuge* et conduit en Belgique et en Allemagne.

3° Le réseau de l'**Est** dessert *Châlons*, **Nancy** et, de là, **Strasbourg ;** *Troyes*, **Belfort** et, de là, **Mulhouse ;** *Reims*, *Mézières* et, de là, *Metz*.

8. — 4° Le réseau de **Paris-Lyon-Méditerranée**, par sa principale ligne, dessert **Dijon**, *Mâcon*, **Lyon**, *Avignon* et **Marseille** et se continue le long de la côte de la Méditerranée sur *Nice* et sur l'Italie.

D'autres lignes traversent le centre de la France ; l'une par *Nevers*, *Clermont-Ferrand*, conduit à *Nîmes*, *Montpellier* et **Cette** ; une autre à *Saint-Étienne ;* d'autres desservent l'est, *Besançon*, *Grenoble* et aboutissent en Suisse et en Italie. La ligne d'Italie franchit la crête des Alpes par le *tunnel de Modane*, long de 13 kilomètres.

9. — 5° Le réseau d'**Orléans** dessert *Orléans*, *Tours*, *Angers*, **Nantes** et *Saint-Nazaire* sur la Loire ; il s'étend jusqu'à **Brest**, à l'extrémité de la Bretagne. Par d'autres lignes, il dessert *Poitiers*, *Limoges*, *Bourges* et aboutit à **Bordeaux**, à *Agen*, à **Toulouse**, sur la Garonne.

10. — 6° Le réseau du **Midi** occupe le sud-ouest de la France. Il dessert par sa ligne principale **Bordeaux**, *Agen*, *Montauban*, **Toulouse** et **Cette**. Il pénètre en Espagne par *Bayonne* et par *Perpignan* aux deux extrémités des Pyrénées. Il dessert *Pau*, *Tarbes* et toute la région pyrénéenne.

Le réseau de l'**État** occupe l'ouest de la France, entre *Nantes*, *Bordeaux* et *Poitiers*. Il dessert *La Rochelle* et *Rochefort*.

XV

LA FRANCE ÉCONOMIQUE ET ADMINISTRATIVE

AGRICULTURE.

1. — L'homme dans tous les pays civilisés cultive la terre et élève des animaux domestiques. La *culture* et l'*élevage* lui procurent la plus grande partie de ses aliments et des matières premières nécessaires à l'industrie.

La *pêche* et la *chasse* contribuent aussi à l'alimentation et fournissent, ainsi que l'exploitation des mines et des carrières, des matières premières.

La France est un des pays d'Europe où l'agriculture est le plus florissante.

2. — **Végétaux.** — Elle récolte beaucoup de **céréales**, surtout du **froment** et de l'*avoine;* elle produit du *maïs* dans la région du sud-ouest. **La région du nord**, située au nord de la Loire, est la plus productive, non seulement en **céréales**, mais en **betteraves** dont on fait du **sucre**, en autres *plantes industrielles* et en *fourrage* qui sert à nourrir le bétail.

La **vigne** est une des richesses caractéristiques de la France. Les vins de **Champagne**, de **Bourgogne**, de **Bordeaux** sont estimés ; ceux du **Midi** sont abondants.

3. — Dans la *vallée du Rhône*, on élève des **vers à soie** avec les feuilles du *mûrier*.

Dans la *région méditerranéenne*, on cultive l'*olivier*.

La France possède beaucoup de **prairies naturelles**, surtout dans la *région de l'ouest* (**Normandie**, etc.) et dans le **Massif central**.

Elle possède aussi une grande étendue de *forêts*, surtout dans la *région du nord-est* et dans les *Landes*.

4. — **Animaux**. — On élève en France des **chevaux**, beaucoup de **bœufs**, des **moutons** et des **porcs**.

Les régions riches en prairies naturelles ou en cultures fourragères sont en général celles qui ont le plus de bétail.

LES MINES ET L'INDUSTRIE.

5. — **Mines**. — La France est, après l'Angleterre et l'Allemagne, le pays d'Europe dont les mines produisent le plus de **houille**. Cette production dépasse 20 millions de tonnes, c'est-à-dire 20 milliards de kilogrammes. Le *bassin du Nord et du Pas-de-Calais*, celui de *Saint-Étienne* ou de la Loire et celui d'*Alais* sont les plus productifs.

On extrait du sol de la France beaucoup de *minerai de fer*.

6. — **Industries**. — Les **industries métallurgiques**, qui fabriquent la *fonte*, le **fer** et l'*acier* et qui les travaillent pour en faire des **machines**, des *outils* et des ustensiles divers, sont exercées principalement dans les lieux où se trouvent la houille et le minerai et dans quelques grands centres industriels, comme les environs de **Lille** et de **Paris**, le département de **Meurthe-et-Moselle**, les environs de *Lyon* et de **Saint-Étienne**.

7. — Les **industries textiles**, qui sont très importantes, sont pratiquées surtout dans la **région du nord** (*Lille*, *Roubaix*, *Amiens*, *Saint-Quentin*), en **Normandie** (*Rouen*, *Elbeuf*, *Flers*), en **Champagne** (*Reims*, *Sedan*), dans la région des **Vosges**, dans celle de **Lyon** et de **Saint-Etienne** où l'on tisse la soie.

LE COMMERCE.

8. — **Commerce**. — La plus grande partie des produits de l'agriculture et de l'industrie française sont consommés en France. Les Français achètent, en outre, aux étrangers beaucoup de marchandises, surtout des matières premières et des denrées; ils vendent aux étrangers beaucoup de marchandises, surtout des produits manufacturés et des denrées agricoles.

Ces échanges, qui s'appellent *importations* (achat à l'étranger) et *exportations* (vente à l'étranger), constituent le **commerce extérieur**. Ce commerce était, il y a cent ans, d'un milliard de francs; il a atteint de nos jours jusqu'à 10 milliards.

Le **commerce intérieur**, comprenant les ventes et achats qui se font entre personnes habitant la France, est beaucoup plus considérable que le commerce extérieur.

LE GOUVERNEMENT ET L'ADMINISTRATION.

9. — **Gouvernement**. — La **France** est une **République**.

Elle est gouvernée par le Parlement composé de deux chambres : le **Sénat** et la **Chambre des députés** qui exercent le pouvoir législatif, et par le **Président de la République**, qui exerce le pouvoir exécutif par l'intermédiaire des **ministres**.

Le Sénat est nommé par un suffrage à deux degrés; les sénateurs sont élus pour neuf ans. La Chambre des députés est élue directement par le suffrage universel pour quatre ans.

Le Président de la République est élu pour sept ans par les deux Chambres réunies. Il choisit les ministres, lesquels répondent de leurs actes devant les deux Chambres. Le Président de la République nomme les principaux fonctionnaires de l'État.

10. — **Administration**. — Les *départements* sont administrés par le *préfet* et par le *conseil général*. — Les *arrondissements*, par le *sous-préfet* et le *conseil d'arrondissement*. — Les arrondissements sont divisés en *cantons*. Presque tous les cantons comprennent plusieurs communes. — Les *communes* sont administrées par le *maire* et par le *conseil municipal*.

11. — Sous le rapport militaire, la France est divisée en **18 régions de corps d'armée**. Chaque corps d'armée est commandé par un général de division.

Sous le rapport maritime, les côtes de France sont divisées en **5 arrondissements maritimes** dont les chefs-lieux sont les cinq ports militaires : *Cherbourg*, *Brest*, *Lorient*, *Rochefort*, *Toulon*.

Tous les Français doivent le service militaire.

La carte (page 24) fait connaître ces régions et leur chef-lieu.

12. — Sous le rapport de la justice, la France est ʼisée en **26 ressorts de cour d'appel**.

.a carte ci-jointe fait connaître ces ressorts et le siège de la cour.

Dans chaque département se tient, à certaines époques, a **cour d'assises**, présidée par un conseiller de la our d'appel du ressort.

Dans chaque arrondissement il y a un **tribunal de première instance** qui relève de la cour d'appel du essort.

Dans chaque canton il y a une **justice de paix** qui elève du tribunal de l'arrondissement.

13. — Le juge de paix juge les petits procès entre particuliers t les contraventions. Le tribunal de première instance juge les procès entre les particuliers et les délits. La cour d'assises juge les crimes. La cour d'appel juge les affaires dont les plaideurs n'ont pas accepté le jugement du tribunal de première instance.

14 — Sous le rapport de l'instruction, la France est divisée en **16 académies** administrées chacune par un recteur.

La carte ci-jointe fait connaître les circonscriptions académiques et leur chef-lieu.

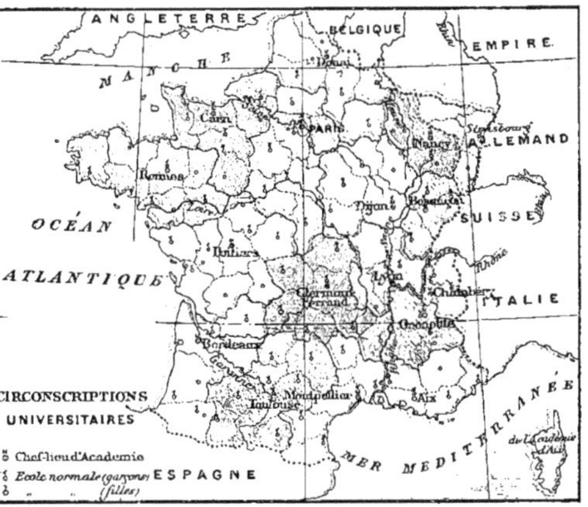

Au chef-lieu de chaque département réside un inspecteur d'académie.

Il y a trois degrés d'enseignement : supérieur, secondaire, primaire.

L'enseignement primaire est obligatoire.

Il est donné dans les écoles publiques et dans les écoles privées.

15. — Sous le rapport de la religion catholique, la France est divisée en 17 provinces ecclésiastiques ou **archevêchés**.

Il y a à peu près autant d'**évêchés** que de départements. Les évêchés sont divisés en **paroisses**.

La carte ci-jointe fait connaître les provinces ecclésiastiques et le siège des évêchés.

AFRIQUE

Echelle : 1: 55.000.000

1 millimètre pour 55 kilom.

Sur cette carte comme sur les suivantes, les noms des colonies européennes sont soulignés, ceux des protectorats sont surmontés d'une barre.

à la France
à l'Angleterre
à l'Allemagne
au Portugal
à l'Espagne
à l'Italie

LA RÉUNION
Echelle : 1: 3.000.000
1 millimètre pour 3 kilom.

Population comparée de l'Egypte et de la France

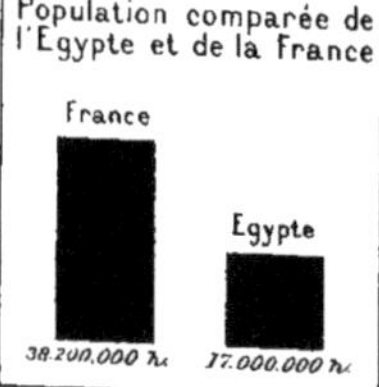

LECTURE

L'Afrique est la partie du monde où la civilisation est le moins avancée. Les Etats européens, par les colonies et par les comptoirs de commerce qu'ils ont fondés ou par les protectorats qu'ils ont établis sur les populations indigènes, ont placé sous leur autorité presque tous les points importants des côtes africaines et ont même étendu leur zone d'influence sur la plus grande partie des pays de l'intérieur. Dans la région méridionale dominent des colons d'origine hollandaise (aujourd'hui État libre d'Orange et République Sud-Africaine) et anglaise. Dans la région méditerranéenne ou septentrionale, les populations, qui sont musulmanes, sont plus civilisées que les noirs de l'Afrique centrale et australe; mais presque toute cette région dépend de Puissances européennes : l'Algérie et la Tunisie dépendent de la France; la Tripolitaine, de l'empire Ottoman; l'Egypte, qui est le principal état indigène de l'Afrique, de l'Angleterre.

Nota. — Les rectangles placés au bas des cartes (page 35, 37, 39, 41, 43) sont dressés à la même échelle et représentent par des surfaces proportionnelles l'importance relative de la population des principaux États des parties du monde autres que l'Europe ou des possessions coloniales des Etats européens.

XVI

L'AFRIQUE

LA GÉOGRAPHIE PHYSIQUE.

1. — Etendue, mers et côtes. — L'Afrique est trois fois grande comme l'Europe; mais elle est moins peuplée et beaucoup moins civilisée.

Elle est baignée au nord par la **Méditerranée**, à l'ouest par l'**océan Atlantique** qui forme le **golfe de Guinée**, à l'est par l'**océan Indien** qui forme la **mer Rouge**. Cette mer communique, au nord, avec la Méditerranée par le **canal de Suez**, ouvert en 1870.

L'Afrique est terminée au sud par le **cap de Bonne-Espérance**.

2. — Les principales îles sont : dans l'océan Atlantique, les *Açores*, *Madère*, les *Canaries*, les *îles du Cap-Vert*, *Fernando Pô;* dans l'océan Indien, la grande île de **Madagascar**, la *Réunion*, *Maurice*.

3. — Relief. — Les parties les plus élevées de l'Afrique sont : le **massif de l'Atlas** au nord-ouest; le *Fouta Djallon* et le haut massif d'**Abyssinie** entre lesquels s'étendent les grandes plaines du **Soudân**; le *mont Cameroun* au fond du golfe de Guinée; le *mont* **Kilima-djaro**, le plus haut sommet africain, situé sur le **Plateau des grands lacs**; le **Grand plateau austral**.

Le **Sahara** ou grand désert, situé entre le Soudân et l'Atlas ou la Méditerranée, est composé d'immenses plaines arides et de quelques régions montagneuses.

4. — Fleuves et lacs. — Les grands fleuves de l'Afrique sont : le **Nil**, tributaire de la Méditerranée, fleuve dont les sources, longtemps inconnues, se trouvent sur le Plateau des grands lacs et qui fertilise l'Égypte par ses débordements annuels; le *Sénégal*, le **Niger**, fleuve du Soudân, le **Congo**, qui arrose l'Afrique centrale et qui est un des plus grands fleuves du monde, et le fleuve *Orange*, tous quatre tributaires de l'océan Atlantique; le **Zambèze**, dans l'Afrique australe, tributaire de l'océan Indien.

Sur le plateau des grands lacs sont les lacs **Victoria**, *Albert*, **Tanganyka**, *Nyassa;* dans le Soudân, le *lac Tchâd*.

LA GÉOGRAPHIE POLITIQUE.

5. — Population et États. — L'Afrique est habitée, au nord et au sud, par la **race blanche**, comprenant : des *Égyptiens*, des *Arabes*, des *Berbères*, qui sont musulmans, et des *colons européens* (surtout en Algérie et au Cap). Le reste est occupé par la **race noire**. Les noirs sont les uns musulmans, les autres fétichistes.

6. — Les noirs de l'intérieur de l'Afrique forment de petits États ou vivent en tribus isolées; ils sont peu civilisés. Les principaux États indigènes (après l'Égypte) sont : le **Maroc**, au nord; les royaumes nègres du **Soudân**, la *république de Liberia*, sur l'Atlantique.

7. — Colonies. — Les îles et la plus grande partie des côtes sont sous l'autorité d'États européens qui y ont fondé des colonies et qui étendent leur influence dans l'intérieur.

La France possède : dans la région méditerranéenne, l'**Algérie**, ch.-l. **Alger**, et le protectorat de la **Tunisie**, capitale *Tunis;* sur la côte occidentale : le **Sénégal**, ch.-l. *Saint-Louis*, et le *Soudân* français, des comptoirs en *Guinée* et le *Congo français;* sur la côte orientale : l'île de la **Réunion**, ch.-l. *Saint-Denis*, le protectorat des îles *Comores* et de **Madagascar**.

8. — L'Angleterre possède la *Gambie* et *Sierra Leone*, des comptoirs en *Guinée* et sur le *Bas-Niger*, la colonie du **Cap**, ch.-l. le *Cap*, et de vastes dépendances au sud et au nord du Zambèze, le protectorat de *Zanzibar*, l'île **Maurice**.

Elle occupe militairement l'**Égypte**, qui comprend

Fig. 49. — Le Caire.

toute la vallée moyenne et inférieure du Nil; capitale **Le Caire**; ville pr. **Alexandrie**, grand port de commerce.

Le Portugal possède les îles *Açores*, *Madère* et, dans l'Afrique australe, la côte du **Benguela** à l'ouest et celle du **Mozambique**, à l'est.

L'Espagne possède les îles **Canaries** et *Fernando Pô*.

9. — L'Etat du Congo possède normalement presque tout le bassin de ce fleuve.

Fig. 50 et 50 *bis*. — Animaux et plantes de l'Afrique.

10. — Les figures ci-jointes représentent des plantes et des animaux caractéristiques de l'Afrique.

ASIE

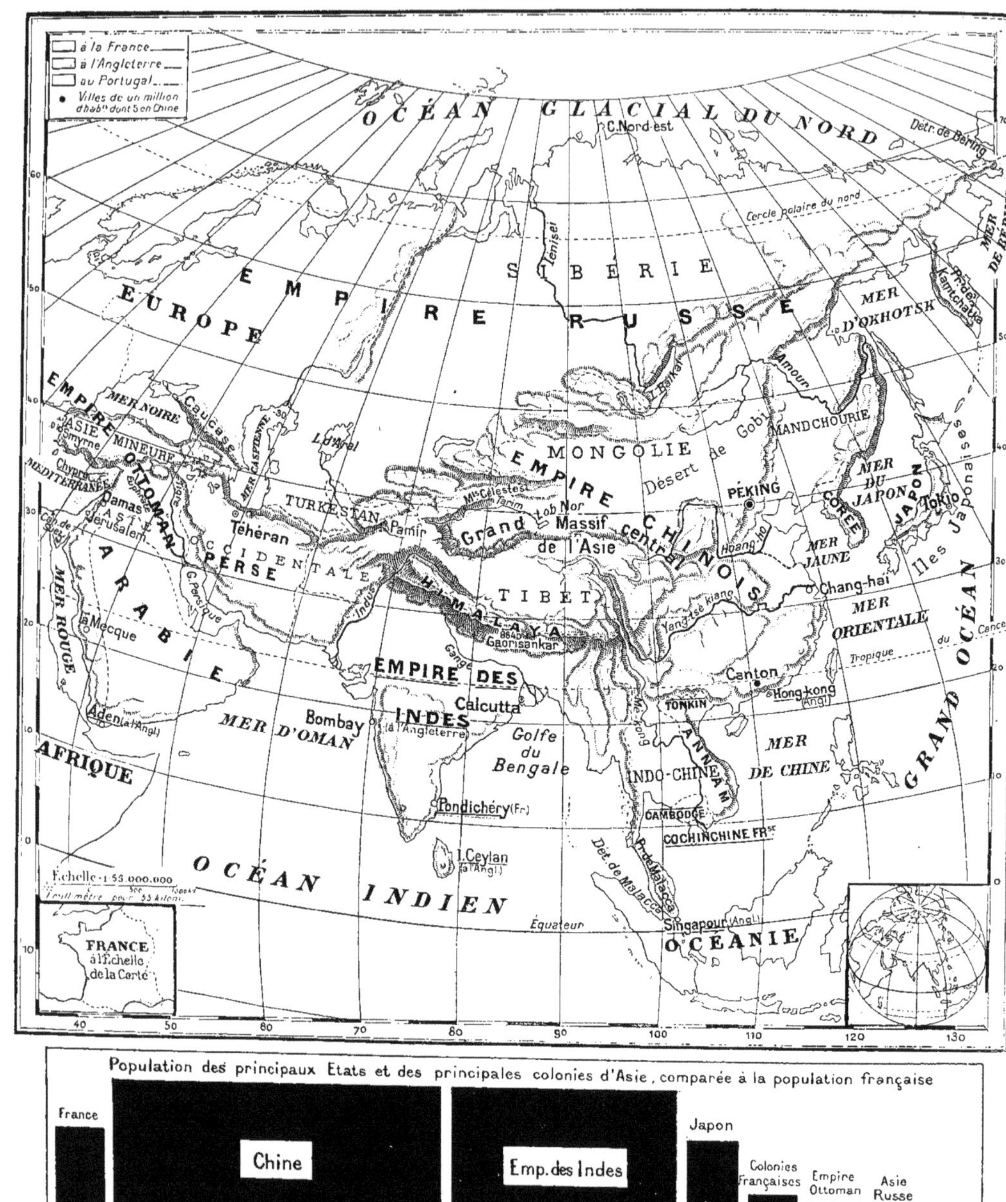

Population des principaux Etats et des principales colonies d'Asie, comparée à la population française

France	Chine	Emp. des Indes	Japon	Colonies Françaises	Empire Ottoman	Asie Russe	Perse
38200000.	400.000.000 Habitants	270.000.000 h^ts	39.000.000 h.	17.000.000 h.	16.000.000 h.	14.500.000 h.	7.500.000 h.

XVII

L'ASIE

LA GÉOGRAPHIE PHYSIQUE.

1. — **Étendue, mers et côtes.** — **L'Asie** fait partie de l'Ancien continent. Elle a plus de quatre fois la superficie de l'Europe. C'est la plus grande des cinq parties du monde et la plus peuplée (790 millions d'habitants).

2. — Elle est baignée au nord par l'**océan Glacial**, impraticable à la navigation. Le cap **Nord-est** est le point le plus septentrional du continent.

A l'est, l'Asie est baignée par le **détroit de Béring**, qui la sépare de l'Amérique, et par le **Grand océan**. Sur cet océan sont : la presqu'île du **Kamtchatka**, les **îles Japonaises**, la presqu'île de *Corée*. Cet océan forme la *mer de Béring*, la *mer d'Okhotsk*, la *mer du Japon* et la **mer de Chine**.

3. — Au sud, l'Asie est séparée de l'Océanie par le **détroit de Malacca**. Elle est baignée par **l'océan Indien** qui forme le **golfe du Bengale**, la **mer d'Oman**, le *golfe Persique* et la **mer Rouge**, reliée à la Méditerranée par le **canal de Suez**.

Trois grandes péninsules terminent l'Asie au sud : l'**Indo-Chine**, prolongée par la presqu'île de *Malacca;* l'**Inde**, au sud de laquelle est l'île de *Ceylan;* l'**Arabie**.

A l'ouest, l'Asie est baignée par la **Méditerranée** et la mer **Noire**.

4. — **Relief.** — Tout le centre de l'Asie est occupé par le **Grand massif central de l'Asie**; c'est le plus grand massif de hautes terres du monde.

Là se trouvent le **Pamir** et le **Tibet**, deux des plus hauts plateaux du monde, le *désert de Gobi* et les steppes de la *Mongolie*. Au sud, ce massif est bordé par les monts **Himalaya** qui renferment les plus hautes montagnes du globe (**Gaorisankar**, 8,840 m.).

Au nord du Grand massif s'étend l'immense **plaine de la Sibérie**, extrêmement froide en hiver.

Au sud, au contraire, les deux péninsules de l'**Indo-Chine** et de l'**Inde** ont un climat très chaud.

A l'ouest s'étend l'*Asie occidentale*, terminée par la péninsule de l'**Asie Mineure** au nord-ouest et par celle de l'**Arabie** au sud-ouest.

5. — **Fleuves et lacs.** — L'Asie a de très grands fleuves qui prennent leur source dans le Massif central : l'*Iénisséi*, qui se jette dans l'océan Glacial; l'*Amour*, le **Hoang-ho** et le **Yang-tsé-kiang**, fleuves de la Chine, le *Mé-kong*, fleuve de l'Indo-Chine, qui se jettent dans le Grand océan; le **Gange** et l'*Indus*, fleuves de l'Inde, tributaires de l'océan Indien.

Le *Tigre* et l'*Euphrate* se jettent dans le golfe Persique.

Le *lac d'Aral* et le *lac Baïkal* sont les plus grands de l'Asie.

LA GÉOGRAPHIE POLITIQUE.

6. — **États.** — Les principaux États asiatiques sont:

L'empire Chinois (environ 400 millions d'habitants) qui occupe presque toute l'Asie orientale et centrale; capitale **Péking**; ports principaux: *Canton* et *Chang-haï*.

Le **Japon** (39 millions d'hab.); capitale **To-kio**, État composé d'îles dont la population, comme celle de la Chine, appartient à la race jaune.

La *Perse*, capitale *Téhéran*, dans l'Asie occidentale.

Fig. 51. — Péking.

L'empire Ottoman, dont la capitale est en Europe et qui possède la plus grande partie de l'Asie occidentale; villes pr. : *Smyrne*, *Damas*, *Jérusalem*, la *Mecque*.

7. — **Colonies.** — Deux États européens ont de très vastes possessions en Asie.

La **Russie** possède le **Caucase**, le *Turkestan* et la **Sibérie**, c'est-à-dire tout le nord de l'Asie.

L'**Angleterre** possède l'**empire Indien**, capitale **Calcutta**; ville principale **Bombay**. Elle possède aussi *Chypre*, île de la Méditerranée, et de grands ports sur l'océan Indien et le Grand océan, *Aden*, *Singapour*, *Hong-kong*.

La **France** a d'importantes possessions : *Pondichéry* dans l'Inde et toute la partie orientale de l'**Indo-Chine**, la *Cochinchine*, *Cambodge*, l'*Annam* et le *Tonkin*.

8. — Les figures ci-jointes représentent des plantes et des animaux caractéristiques de l'Asie.

Fig. 52 et 52 *bis*. — Animaux et plantes de l'Asie méridionale.

OCÉANIE

Population des principales colonies de l'Océanie comparée à la population française

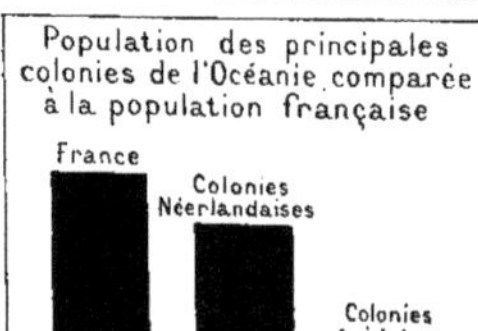

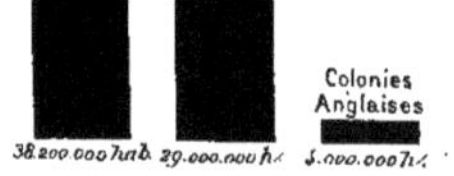

LECTURE

La Malaisie, qui est la partie de l'Océanie la plus voisine de l'Asie, a reçu, il y a très longtemps, de l'Inde et de l'Indo-Chine, une partie de ses habitants et sa civilisation ; c'est pourquoi certains géographes la considèrent comme une dépendance de l'Asie. Étant la région océanienne la plus anciennement civilisée, elle est aussi la plus peuplée. L'île de Java, qui est de beaucoup la plus importante par le nombre de ses habitants, appartient, avec les îles voisines, aux Hollandais depuis le commencement du XVIIe siècle.

Les Anglais dominent dans l'Australasie. Sydney fondé en 1788, a été leur premier établissement. Aujourd'hui, outre la partie sud-est de la Nouvelle-Guinée, les îles Fidji et d'autres îles éparses dans l'Océan, ils possèdent sept colonies peuplées d'émigrants européens en Australie, en Tasmanie et en Nouvelle-Zélande ; la population civilisée de la plupart de ces colonies augmente rapidement et leur développement économique est très remarquable.

XVIII

L'OCÉANIE

1. — Etendue et divisions. — L'Océanie comprend le continent Austral ou **Australie** et toutes les îles disséminées sur la surface du Grand océan (dit aussi océan Pacifique) entre l'Asie et l'Amérique : de là son nom d'Océanie.

L'espace qu'elle occupe sur le globe est plus considérable que celui des autres parties du monde; mais la superficie des terres qui la composent n'est pas beaucoup plus grande que celle de l'Europe.

Elle est divisée en trois parties : Malaisie, Australasie, Polynésie.

2. — Malaisie. — La **Malaisie** est la partie la plus voisine de l'Asie. Elle est baignée par la **mer de Chine**, la *mer de la Sonde*, la *mer des Moluques*. Ces mers communiquent avec l'océan Indien par de nombreux détroits, dont les principaux sont ceux de *Malacca* et de la *Sonde*.

La Malaisie est habitée par des *Malais*, peuple d'origine probablement asiatique.

3. — Dans l'archipel des **îles de la Sonde**, les îles principales sont **Sumatra** et **Java**. Cette dernière, dont le ch.-l. est **Batavia**, est très peuplée.

Au nord de l'archipel de la Sonde sont **Bornéo**, une des plus grandes îles du monde, **Célèbes** et les *Moluques*.

La plupart de ces îles appartiennent aux *Pays-Bas*.

Au nord de la Malaisie, les *Espagnols* possèdent la plus grande partie des **îles Philippines**, ch.-l. : *Manille*.

4. — Australasie. — **L'Australasie**, mot qui signifie Asie australe, comprend le continent Austral et les îles avoisinantes.

5. — **L'Australie**, le plus petit des trois continents, est composée en grande partie, au centre et à l'ouest, de déserts arides. La région du sud et du sud-est, dont la côte est bordée par les montagnes de la **Cordillère australienne** et arrosée par des cours d'eau, est habitée. Là sont les colonies britanniques de *Queensland*, de la **Nouvelle-Galles du sud**, capitale **Sydney**, de **Victoria**, capitale **Melbourne**, et de l'*Australie méridionale*. La côte occidentale appartient à la cinquième colonie britannique de ce continent, l'*Australie occidentale*.

6. — Au nord, la **Nouvelle-Guinée**, une des plus grandes îles du monde, habitée par des noirs et peu explorée, est séparée de l'Australie par le *détroit de Torrès*.

Au sud, la **Tasmanie**, colonie britannique, est séparée de l'Australie par le *détroit de Bass*.

Au sud-est de l'Australie, à une grande distance en mer, se trouve la **Nouvelle-Zélande**, colonie britannique, composée de deux grandes îles.

Les cinq colonies de l'Australie, la Tasmanie et la Nouvelle-Zélande, constituent, avec les *îles Fiji* (ou Fidji), l'**Australasie britannique**.

Au nord-est de l'Australie, est la **Nouvelle-Calédonie**, colonie française, ch.-l. *Nouméa*.

7. — Polynésie. — La **Polynésie**, dont le nom signifie « multitude d'îles », n'est formée que de petites îles. La plus grande n'a pas l'étendue d'un département français.

Les *îles Samoa* sont au nombre des plus commerçantes.

Les *Carolines*, qui appartiennent à l'Espagne, ne sont que des îlots.

Tahiti et les îles avoisinantes sont, ainsi que les *îles Marquises*, des colonies françaises.

Les **îles Hawaï** forment un royaume indigène.

8. — La figure ci-jointe représente des plantes et des animaux caractéristiques de l'Océanie.

Fig. 53. — Plantes et animaux de l'Océanie.

LECTURE

L'Asie possède par son Massif central les parties les plus hautes de la Terre ; nulle part ailleurs on ne rencontre des plateaux d'une altitude égale au Pamir et au Tibet, des sommets aussi élevés (8,840 m. au Gaorisankar) que ceux de l'Himalaya, des glaciers aussi étendus, des cols où il faille tant monter, une barrière plus difficile à franchir ; le Massif, qui est douze fois grand comme la France, sépare quatre régions dont les populations, ayant peu de communications les unes avec les autres, ont des caractères très différents : la Sibérie au nord, la Chine proprement dite à l'est, l'Inde au sud, l'Asie occidentale à l'ouest.

La Cordillère américaine, qui s'étend, du nord au sud, sur une longueur d'environ 16,000 kilomètres et qui n'est interrompue que sur quelques points dans l'Amérique centrale, présente l'ensemble de hautes terres le plus considérable et le plus élevé (6,834 m. à l'Aroncagua) après le Massif central de l'Asie.

Celui-ci occupe le milieu du continent asiatique ; la Cordillère, au contraire, est située sur le bord du Grand océan. Elle dresse au-dessus de la mer un chapelet de volcans dont la suite se continue hors d'Amérique dans les volcans du Kamtchatka, du Japon et des îles de la Sonde. Le Grand océan se trouve ainsi enveloppé d'un immense cercle volcanique ; c'est un caractère qui distingue ses côtes de celles des autres océans.

La Cordillère ne sépare pas de grands États; mais c'est sur ses hauts plateaux que se sont formés les deux Empires les plus civilisés de l'Amérique avant la venue des Européens : le Mexique et le Pérou.

Hors de ces deux massifs il n'y a sur le globe terrestre qu'un sommet, le Kilima-ndjaro, situé en Afrique, qui atteigne probablement 6000 metres. Les plus hauts plateaux de l'Afrique, même celui de l'Abyssinie, sont à une altitude bien inférieure à ceux du Pamir, du Tibet et du Pérou.

AMÉRIQUE DU NORD

Population des principaux États et des principales colonies de l'Amérique du nord, comparée à la population française

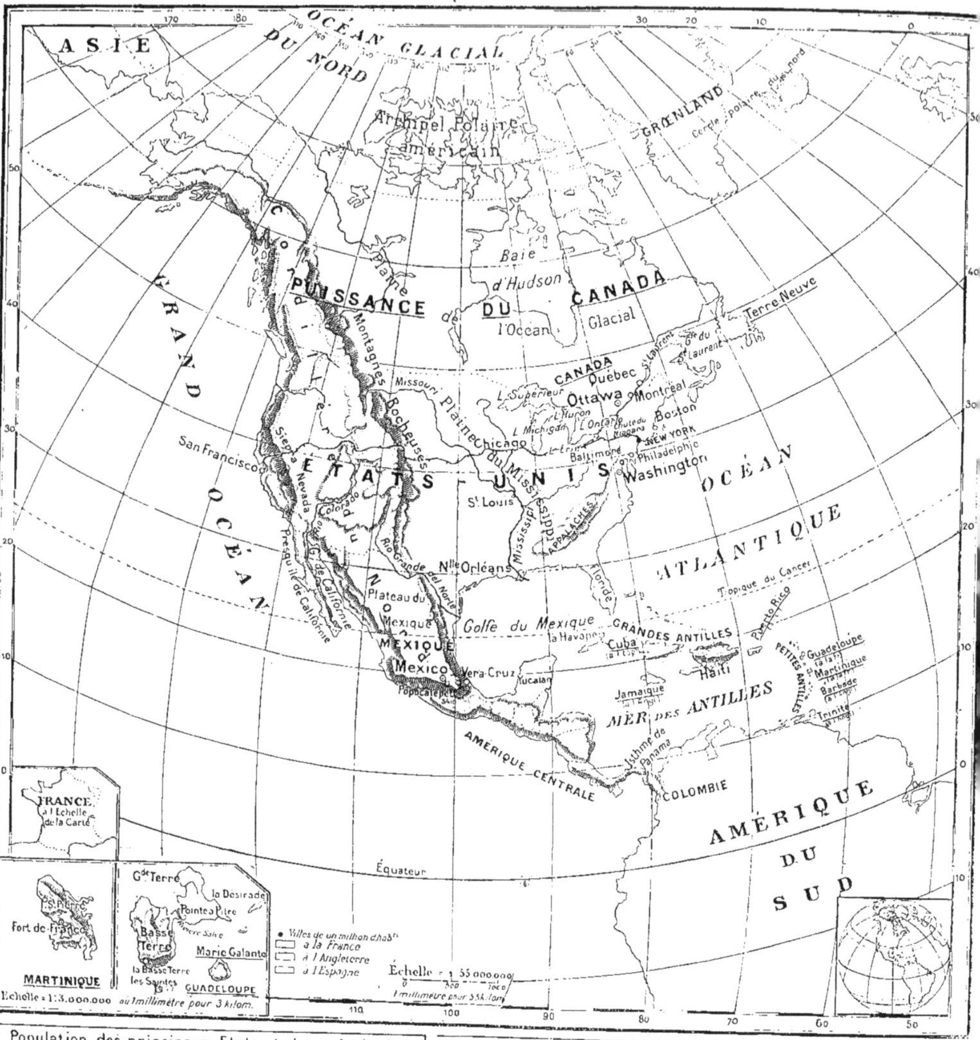

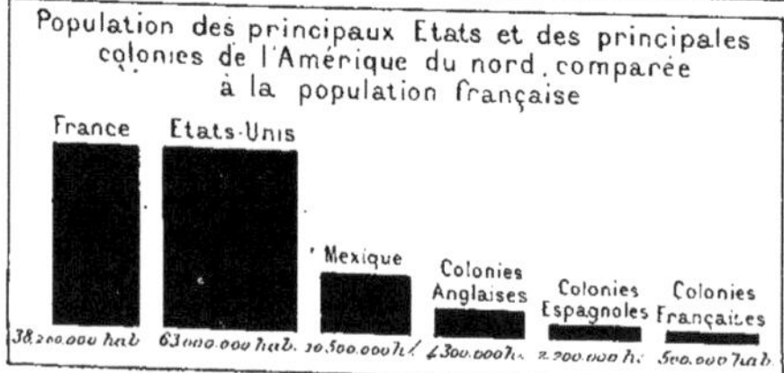

LECTURE

Les États-Unis (plus exactement « États-Unis de l'Amérique ») sont de beaucoup l'État prépondérant de cette partie du monde. La croissance de la grande république américaine a été très rapide. En 1790, à une époque où la France comptait environ 26 millions d'habitants, les États-Unis n'en recensaient que 3.900,000; en 1890, la France en avait environ 38 millions 1/2 et les États-Unis 63. Leur territoire, où erraient, il y a deux siècles, un petit nombre de tribus sauvages, s'est peu à peu peuplé de colons européens qui ont défriché le sol et s'est étendu par des annexions et des conquêtes; il est grand comme les 4/5 de l'Europe. Les États-Unis, par leurs richesses agricoles et minérales, par leurs industries variées et par leur commerce sont aujourd'hui une des Grandes puissances du monde.

XIX

L'AMÉRIQUE DU NORD

AMÉRIQUE

1. — **Étendue et divisions.** — Le continent américain est quatre fois grand comme l'Europe. Il se divise en *Amérique du nord*, de l'océan Glacial à l'isthme de Panama, et *Amérique du sud*, de l'isthme de Panama au cap Horn.

On donne le nom d'*Amérique centrale* à la partie étroite du continent qui s'étend jusqu'à l'**isthme de Panama** au sud et qui réunit les deux Amériques.

AMÉRIQUE DU NORD

LA GÉOGRAPHIE PHYSIQUE.

2. — **Mers et côtes.** — L'Amérique du nord est baignée au nord par l'**océan Glacial** qui forme la *baie d'Hudson*. L'*Archipel polaire américain* (terres polaires du nord) et le **Grœnland** occupent une grande partie de cet océan; la terre y est glacée, comme la mer, et inhabitable.

L'Amérique est baignée à l'est par l'**océan Atlantique**. L'île de *Terre-Neuve* se trouve à l'entrée du *golfe du Saint-Laurent*. Le long chapelet des **Grandes** et des **Petites Antilles**, dont les principales îles sont **Cuba**, *Haïti*, *Puerto Rico*, la *Jamaïque*, la *Guadeloupe*, la *Martinique*, la *Barbade*, la *Trinité*, sépare l'océan de la **mer des Antilles**.

3. — Au nord-est de la mer des Antilles, le **golfe du Mexique** s'enfonce profondément dans les terres entre les presqu'îles de la *Floride* et du *Yucatan*.

L'Amérique du nord est baignée à l'ouest par le **Grand océan** qui forme, au centre, le *golfe de Californie*, limité par la *presqu'île de Californie*. Au nord, la côte est bordée par un grand *archipel*.

4. — **Relief.** — L'Amérique est traversée dans toute sa longueur par la **Cordillère du nord**, massif énorme de plateaux et de montagnes qui borde la côte occidentale. Les *montagnes Rocheuses*, la *sierra Nevada*, le *plateau du Mexique*, avec le *Popocatepetl*, montagne volcanique, en sont les parties principales.

A l'est, dans la région voisine de l'Atlantique, est la chaîne, bien moins haute, des **Appalaches**. Entre la Cordillère et les Appalaches s'étend une immense plaine, *plaine de l'Océan Glacial* au nord, *plaine du Mississipi* au sud.

5. — **Fleuves et lacs.** — L'Amérique du nord possède dans les **Cinq grands lacs** (lac Supérieur, lac Michigan, etc.) la plus grande étendue d'eau douce qui existe sur le globe; ces lacs communiquent entre eux et versent leurs eaux dans la mer par le fleuve **Saint-Laurent**. Entre les deux derniers lacs se trouve la magnifique chute du *Niagara*.

Le **Mississipi**, grossi du *Missouri*, se jette dans le golfe du Mexique : c'est un des grands fleuves du monde.

Le *rio Grande del Norte* se jette dans le même golfe.

Le *rio Colorado*, qui coule dans des gorges profondes, se jette dans le Grand océan.

LA GÉOGRAPHIE POLITIQUE.

6. — **Canada.** — Les Français ont découvert le **Canada** et l'ont peuplé au XVIIe siècle. La France a perdu cette colonie en 1763; mais la population d'origine française a continué à s'accroître.

Le Canada fait partie de la **Puissance du Canada**, nommée en anglais *Dominion of Canada*, confédération de plusieurs colonies qui appartiennent à l'Angleterre. *Québec* et *Montréal* sont les principales villes de la région peuplée de Français.

L'Angleterre possède aussi l'île de *Terre-Neuve*, ancienne colonie à demi française, située à l'est du Canada.

7. — **États-Unis.** — Toute la partie centrale de l'Amérique appartient aux **États-Unis**. C'est une grande république fédérative, composée de 44 États qui ont chacun leur gouvernement particulier. La population (63 millions d'âmes) est formée des descendants de colons anglais et d'émigrants européens.

Par l'étendue de leur territoire, par leur richesse agricole, industrielle et commerciale, les États-Unis sont une des grandes puissances du monde.

8. — La capitale fédérale est **Washington**. Les principales villes sont : **New York** (environ 1 million 1/2 d'habitants), la plus grande ville de l'Amérique, *Philadelphie*, *Boston*, *Baltimore*, à l'est; la *Nouvelle-Orléans*, au sud, fondée par les Français; *Chicago* et *Saint-Louis* au centre; *San Francisco*, sur le Grand océan.

9. — **États du sud.** — Dans la partie méridionale du continent sont la République du **Mexique**, capitale **Mexico**, port principal la *Vera Cruz*, les cinq petites *républiques de l'Amérique centrale* et une colonie anglaise.

10. — Les Antilles, à l'exception de *Haïti*, sont des colonies européennes. L'Espagne possède **Cuba**, ch.-l. *La Havane;* l'Angleterre : la *Jamaïque*, la *Barbade*, la *Trinité;* la France : la *Guadeloupe* et la *Martinique*.

11. — La figure ci-jointe représente des plantes et des animaux caractéristiques de l'Amérique du nord.

Fig. 54. — Animaux de l'Amérique du nord.

AMÉRIQUE DU SUD

Population des principaux États de l'Amérique du sud, comparée à la population française

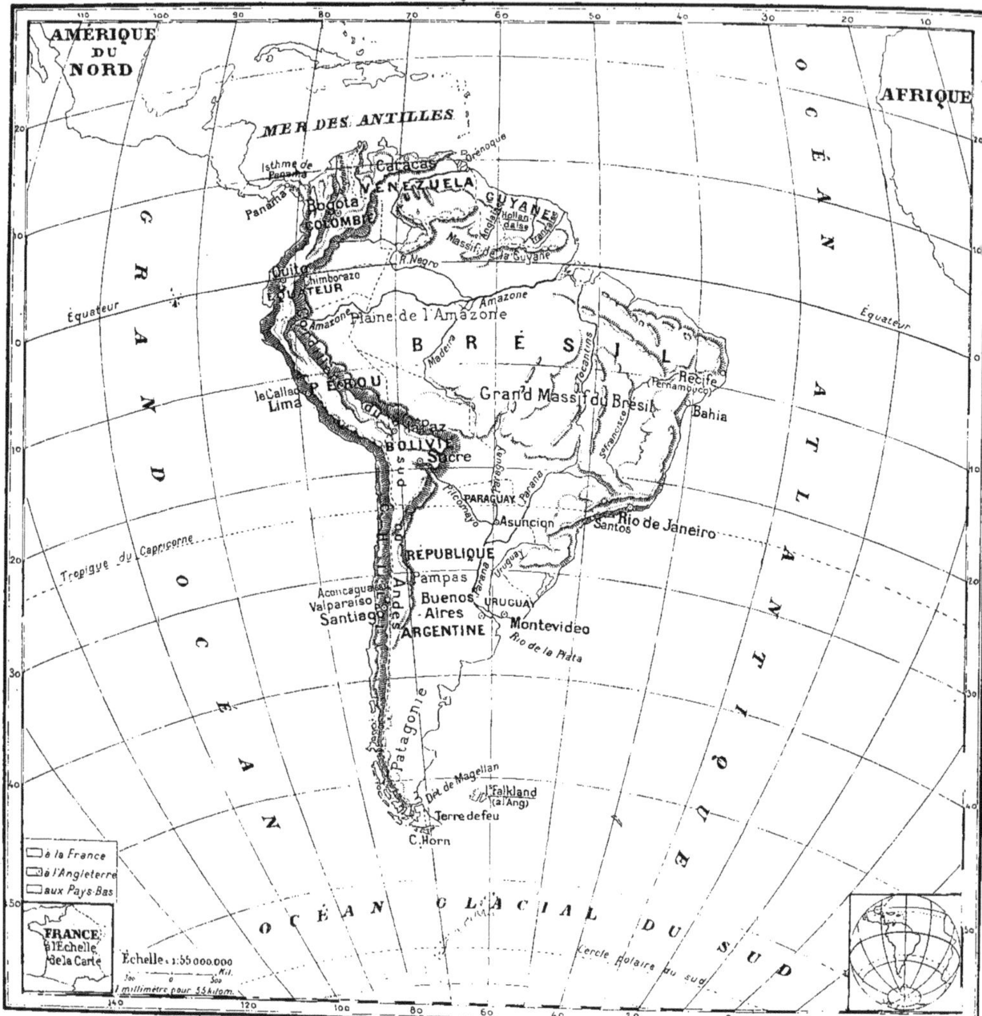

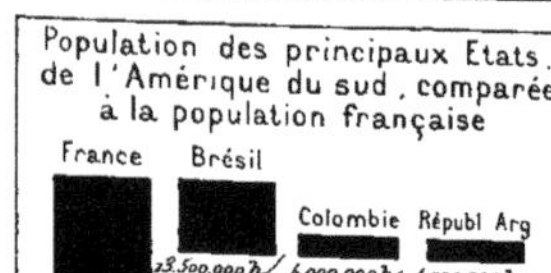

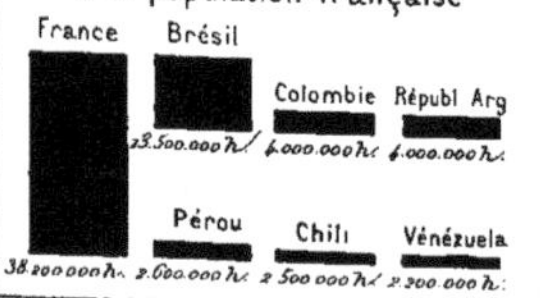

LECTURE

Le Brésil, (plus exactement « les États-Unis de la République du Brésil ») est l'État principal de l'Amérique du sud; il a un territoire presque aussi vaste que les États-Unis de l'Amérique du nord; mais sa population, d'origine portugaise, n'est guère que le tiers de la population française; elle est groupée surtout dans la région maritime. L'intérieur du bassin de l'Amazone et de celui du Paraguay appartiennent encore presque exclusivement à la vie sauvage.

Dans la zone torride, le Vénézuela, la Colombie, l'Équateur, le Pérou et la Bolivie se composent en partie de contrées civilisées et en plus grande partie de régions peuplées de sauvages.

Au sud du tropique du Capricorne, dans la zone tempérée, deux républiques, peuplées principalement de colons et d'immigrants européens, se sont développées plus rapidement par la culture des céréales, par l'élevage du bétail ou par l'exploitation des mines que les autres républiques d'origine espagnole : ce sont la République Argentine et le Chili.

XX

L'AMÉRIQUE DU SUD

LA GÉOGRAPHIE PHYSIQUE.

1. — Mers et côtes. — L'Amérique du sud a une forme triangulaire. Elle est baignée au nord par la **mer des Antilles**, à l'est par l'**océan Atlantique**, à l'ouest par le **Grand océan**. Au sud-est sont les *îles Falkland*.

2. — Au sud se trouve la **Terre de feu**, région froide et brumeuse que le long **détroit de Magellan** sépare du continent. Dans une île est le **cap Horn**, extrémité méridionale de l'Amérique.

Au sud-ouest s'étend un long *archipel*, disposé à peu près comme celui de la partie septentrionale de l'Amérique du nord.

3. — Relief. — L'Amérique du sud est traversée dans toute sa longueur par la **Cordillère du sud** ou **Andes**, qui, comme la Cordillère du nord, borde la côte du Grand océan et qui forme un massif de plateaux et de montagnes plus continu et plus haut que celui de l'Amérique du nord. Il renferme beaucoup de volcans : le *Chimborazo* au nord est un des plus remarquables. L'*Acongagua* (6,834 m.), au sud, est le plus haut sommet de la chaîne.

Le grand **Plateau du Pérou et de la Bolivie** occupe toute la partie centrale de la Cordillère.

4. — Le **Massif de la Guyane** et le **Grand massif du Brésil**, qui a plusieurs fois l'étendue de la France, se composent de plateaux et de chaînes beaucoup moins élevés.

Fig. 55. — Forêt vierge de la plaine de l'Amazone.

Entre les deux massifs, l'immense **plaine de l'Amazone** est couverte de forêts vierges.

Au sud du Grand massif du Brésil est la vaste plaine, presque sans arbres, de la *Pampa*.

5. — Fleuves. — A l'ouest, l'Amérique du sud ne possède pas de cours d'eau importants, parce que la Cordillère est trop près de la mer.

Au nord, la *Magdalena* coule entre deux chaînes de la Cordillère et se jette dans la mer des Antilles.

A l'est, dans l'océan Atlantique, se jettent :

L'**Orénoque**, venu du Massif de la Guyane et grossi de beaucoup de rivières de la Cordillère;

L'**Amazone**, un des deux plus puissants fleuves du monde, qui vient de la Cordillère et reçoit, dans la plaine qui porte son nom, des affluents plus grands que les plus grands fleuves d'Europe, tels que le *Madeira* et le *Tocantins* à droite, le *Rio Negro* à gauche ; le *San Francisco* qui prend sa source dans le Grand massif du Brésil;

Le **Rio de la Plata**, large estuaire formé de la réunion de l'*Uruguay* et du *Parana*, grossi du *Paraguay*. Ces trois cours d'eau naissent dans le Grand massif du Brésil. Le Parana et le Paraguay reçoivent des affluents de la Cordillère.

LA GÉOGRAPHIE POLITIQUE.

6. — États et colonies. — Trois États européens possèdent une partie de la Guyane : **Guyane britannique** (ou Anglaise), **Guyane néerlandaise** (ou Hollandaise, aux Pays-Bas), **Guyane française**.

Le reste de l'Amérique appartient à des républiques qui ont été autrefois des colonies espagnoles ou portugaises.

Au nord : le **Vénézuela**, cap. *Caracas;* la **Colombie**, cap. *Bogota*.

A l'ouest : l'**Équateur**, cap. *Quito;* le **Pérou**, cap. *Lima;* la **Bolivie**, cap. *Sucre* et *La Paz;* le **Chili**, cap. **Santiago**.

A l'est, dans le bassin de la Plata : le **Paraguay**, cap. *Asuncion* (Assomption) ; l'**Uruguay**, cap. *Montevideo;* la **République Argentine**, cap. *Buenos-Aires*.

Ces neuf Républiques sont d'origine espagnole.

7. — A l'est et au centre : le **Brésil**, cap. **Rio de Janeiro**, qui a été un empire pendant près de trois quarts de siècle et qui est une république depuis 1889. Le Brésil est d'origine portugaise.

Les principaux ports de l'Amérique du sud sont : *Recife* (dit aussi Pernambuco), *Bahia*, **Rio de Janeiro** et *Santos* qui appartiennent au Brésil ; *Montevideo* et **Buenos-Aires** dans les États de la Plata; *Valparaiso* au Chili ; le *Callao* au Pérou.

8. — La figure ci-jointe représente des plantes et des animaux caractéristiques de l'Amérique du sud.

Fig. 56. — Animaux de l'Amérique du sud.

ALGÉRIE, COLONIES FRANÇAISES ET PROTECTORATS

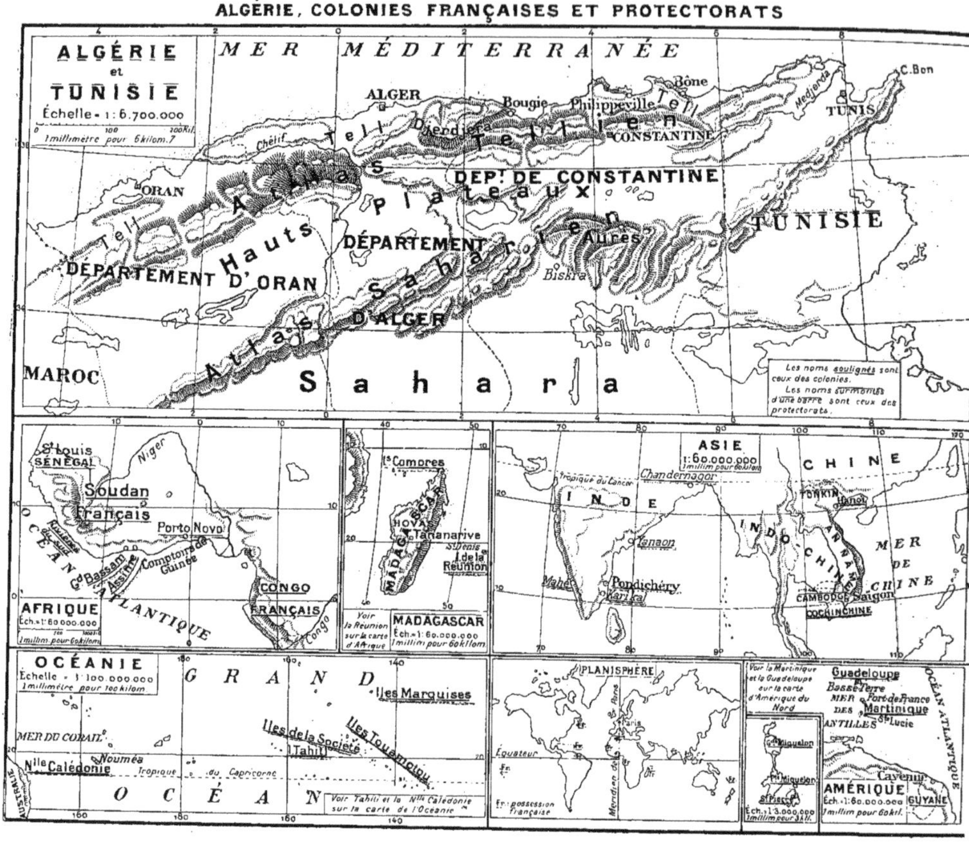

ALGÉRIE et TUNISIE
Échelle = 1 : 6.700.000
1 millimètre pour 6 kilom. 7

MER MÉDITERRANÉE

ALGER · Bougie · Philippeville · Bône · C. Bon · TUNIS · CONSTANTINE · ORAN · Biskra · Aurès · Chélif · Djerdjera · Medjerda

Tell · Atlas · Hauts Plateaux · Tellien · Atlas Saharien

DÉPt DE CONSTANTINE · DÉPARTEMENT D'ALGER · DÉPARTEMENT D'ORAN · TUNISIE · MAROC

Sahara

Les noms soulignés sont ceux des colonies. Les noms surmontés d'une barre sont ceux des protectorats.

AFRIQUE
Éch. = 1 : 60.000.000
1 millim. pour 60 kilom.

St Louis · SÉNÉGAL · Niger · Soudan Français · Porto Novo · Rivières du Sud · Gd Bassam · Assinie · Comptoirs de Guinée · CONGO FRANÇAIS · Congo · OCÉAN ATLANTIQUE

MADAGASCAR
Éch. = 1 : 60.000.000
1 millim. pour 60 kilom.

Voir la Réunion sur la carte d'Afrique

Iles Comores · MADAGASCAR · HOVA · Tananarive · St Denis · I. de la Réunion

ASIE
1 : 60.000.000
1 millim. pour 60 kilom.

Tropique du Cancer · Chandernagor · INDE · Yanaon · Mahé · Pondichéry · Karikal · CHINE · TONKIN · Hanoï · INDO-CHINE · ANNAM · CAMBODGE · Saïgon · COCHINCHINE · MER DE CHINE

OCÉANIE
Échelle = 1 : 100.000.000
1 millimètre pour 100 kilom.

GRAND OCÉAN · Iles Marquises · Iles de la Société · Tahiti · Iles Touamotou · MER DU CORAIL · Nouméa · Nlle Calédonie · Tropique du Capricorne · AUSTRALIE

Voir Tahiti et la Nlle Calédonie sur la carte de l'Océanie

PLANISPHÈRE

Équateur · Méridien de Paris · Paris

Fr : possession française

Voir la Martinique et la Guadeloupe sur la carte d'Amérique du Nord

St Pierre · Gde Miquelon · Pte Miquelon
Éch. = 1 : 3.000.000
1 millim. pour 3 kil.

AMÉRIQUE
Éch. = 1 : 60.000.000
1 millim. pour 60 kil.

Guadeloupe · Basse Terre · Fort de France · Martinique · Ste Lucie · MER DES ANTILLES · Cayenne · GUYANE · OCÉAN ATLANTIQUE

GRANDEUR COMPARÉE DE LA FRANCE ET DE SES POSSESSIONS COLONIALES

FRANCE
528.000 Kil. carrés

en AFRIQUE (sans le SAHARA)

Algérie et Tunisie	Sénégal et Guinée	Gabon et Congo Frs	Madagascar Réunion et autres Iles Obock
650.000 K.c.	400.000 K.c.	630.000 K.c.	600.000 K.c.

en ASIE
Étabts de l'Inde
Indo-Chine Française
370.000 K.c.

en OCÉANIE
28.000 K.c.

en AMÉRIQUE
nord 3.000 K.c.
sud 27.000 K.c.

XXII

LES GRANDS ÉTATS DE LA TERRE; LES PRODUCTIONS; LE COMMERCE ET LES GRANDES VOIES DE COMMUNICATION

LES GRANDS ÉTATS.

1. — **Les trois plus grands États**. — La surface totale des terres du globe est de 136 millions de kilomètres carrés. Deux États possèdent à peu près le tiers de cette superficie.

L'Empire britannique, par les Iles britanniques et par ses possessions coloniales dans les cinq parties du monde, occupe un territoire d'environ 24 millions 1/2 de kilomètres carrés et compte 320 millions de sujets, dont plus des trois quarts habitent l'Inde.

L'Empire russe possède en Europe et en Asie un territoire de 22 millions de kilomètres carrés, peuplé de près de 110 millions d'habitants.

L'Empire russe domine dans le nord de l'Asie; l'Empire britannique domine dans le sud.

Dans cette même partie du monde est l'**Empire chinois** dont le territoire a moins d'étendue (11 millions 1/2 de kilomètres carrés), mais qui est le plus peuplé de la Terre (population évaluée à 400 millions d'âmes).

2. — **Les autres grands Etats**. — Les autres grands États, qui ont de 30 à 100 millions d'habitants, sont:

En Amérique: **les États-Unis** dont le territoire est un peu moins grand que celui de la Chine (9 millions de kilomètres carrés) et qui renferment 63 millions d'habitants.

En Europe: les États qui, avec l'Empire britannique et l'Empire russe, constituent les six Grandes puissances:

La France, qui, avec ses possessions coloniales, a un territoire de plus de 3 millions de kilomètres carrés et une population d'environ 70 millions d'âmes.

L'Empire allemand, qui, comptant 49 millions d'habitants et qui est en Europe l'État le plus peuplé après la Russie, possède quelques territoires coloniaux.

L'Autriche-Hongrie, qui a 42 millions d'habitants;

L'Italie qui a 30 millions d'habitants et qui possède quelques territoires en Afrique.

3. — **Les Pays-Bas**, qui ne sont pas une des grandes puissances européennes, possèdent, à cause de leurs colonies de Malaisie, une population d'environ 34 millions d'âmes.

En Asie, le **Japon** compte près de 40 millions d'habitants.

L'Empire ottoman, qui s'étend sur trois parties du monde, a une population d'environ 33 millions d'habitants.

LES PRODUCTIONS

4. — **Production agricole**. — La nature des productions de la Terre varie suivant les climats et les qualités du sol. La quantité des produits varie surtout en proportion du nombre des habitants et du degré de richesse et de civilisation de chaque contrée.

La plupart des peuples tirent leur substance de leur sol même, par la culture et l'élevage.

5. — **Produits végétaux**. — Dans les deux zones tempérées, les **céréales**, surtout le **froment**, le *seigle* et le *maïs*, constituent le principal aliment végétal.

La *France*, la *Hongrie* et la *Russie*, en Europe, les *États-Unis*, l'*Inde*, la *Chine* et le *Chili*, hors d'Europe, produisent beaucoup de **froment**.

Le **maïs** est cultivé surtout aux *États-Unis* et dans l'*Europe méridionale*.

Dans la zone torride, le **riz** est l'aliment principal des populations de l'*Inde*, de l'*Indo-Chine*, de la *Chine*, du *Japon* et de la *Malaisie*.

Le *manioc* et les *bananes* sont aussi des aliments particuliers à la zone torride, en Afrique et en Amérique.

6. — Le **sucre** est fabriqué avec la **betterave** ou avec la **canne à sucre**. Le premier l'est en **Europe** (*Allemagne*, *France*, *Belgique*). Le second l'est dans la zone torride, à **Cuba** et dans les autres **Antilles**, à **Java**, au **Brésil**.

Le **café** est un produit de la zone torride, principalement du **Brésil**, de **Java**, de l'*Inde* et des *Antilles*.

Le **thé** est une plante cultivée surtout en **Chine** et au **Japon**.

7. — La **vigne**, dont le raisin sert à faire du **vin**, n'est encore l'objet d'une culture très importante qu'en **Europe** (**France**, *Hongrie*, *Italie*, *Espagne*). Elle est cultivée aussi aux *États-Unis*, en *Algérie*, au *Cap*.

La culture du **tabac** est très développée aux **États-Unis**, en **Malaisie**, au **Brésil**, dans les *Antilles*, en *Europe*.

8. — Plusieurs végétaux fournissent à l'homme des fibres avec lesquelles il fabrique du fil et des tissus: le **coton** aux *États-Unis*, dans l'*Inde*, au *Brésil*; le *lin* et le *chanvre* en *Europe*, dans l'*Inde*.

La *Péninsule scandinave*, l'*Autriche*, le *Canada*, le *Brésil* fournissent au commerce beaucoup de **bois**.

9. — **Produits du règne animal**. — Les **vers à soie**, élevés en **Chine**, au **Japon** et dans le **bassin de la Méditerranée**, fournissent une précieuse matière textile.

Les **moutons** portent la **laine** qui est plus importante encore. L'**Europe** centrale et orientale, les colonies britanniques d'**Australasie**, les États de **la Plata**, le **Cap** sont les régions qui fournissent le plus de laine.

10. — Parmi les autres animaux domestiques, les **bœufs** sont l'objet d'un commerce considérable dans l'**Europe** occidentale et centrale, aux **États-Unis**, dans les **États de la Plata**; les **porcs** sont très nombreux aux **États-Unis**.

11. — **Produits minéraux**. — Les substances minérales sont réparties dans le sein de la Terre suivant la nature géologique des terrains.

La **houille** ou charbon de terre est abondante surtout en **Grande-Bretagne**, aux **États-Unis**, en **Allemagne**, en **France** et en **Belgique**.

Ces pays sont aussi ceux qui produisent le plus de **fer**; il faut brûler beaucoup de houille pour extraire le fer de son minerai.

12. — L'**or** est tiré des mines des **États-Unis** et de quelques autres pays de l'Amérique, de l'**Australasie britannique** et de la *Sibérie;* l'**argent**, des **États-Unis**, du **Mexique** et de quelques autres États de l'Amérique et de l'Europe.

Le **cuivre** vient des **États-Unis** et du *Chili;* l'*étain*, de la *Malaisie;* le *zinc*, de l'*Europe* occidentale et centrale; le *plomb*, de l'*Angleterre*.

LE COMMERCE.

13. — Une partie des produits de l'agriculture et des mines est employée dans les pays de production; l'autre partie est portée par le commerce dans les pays étrangers.

L'**Europe occidentale et centrale** fait venir des pays étrangers beaucoup de substances alimentaires pour nourrir sa **population** qui est **très dense;** elle fait venir aussi beaucoup de matières premières pour alimenter son **industrie** qui est plus variée et plus **active** que dans les autres contrées de la Terre.

14. — Les autres grandes régions hors d'Europe où la population est très nombreuse et où l'industrie est très active sont les **États-Unis**, **l'Inde**, la **Chine** et le *Japon*.

L'**Angleterre** est l'État qui fait le plus grand **commerce**: 18 milliards de francs, en comptant l'importation et l'exportation. Trois autres États, la **France**, l'**Empire allemand** et les **États-Unis**, sont au second rang avec un commerce d'environ 8 milliards chacun.

LES GRANDES VOIES DE COMMUNICATION.

15. — **Chemins de fer.** — La *locomotive* a été inventée en 1830. Les **chemins de fer**, qui datent à peu près de cette époque, fournissent aujourd'hui un moyen de communication rapide à l'intérieur des continents dans presque tous les pays civilisés. On va de Paris à Londres en 8 heures, à Lisbonne en 40, à Cadix (sud de l'Espagne) en 45, à Rome en 36, à Brindisi (sud de l'Italie) en 50. On traverse presque toute l'Europe par train express de Paris à Constantinople en moins de quatre jours (80 heures), et de Paris à Saint-Pétersbourg en moins de trois jours. On traverse toute l'Amérique, de New York à San Francisco, en cinq jours et demi.

16. — En 1890, il y avait plus de **600,000 kilomètres** de **chemins de fer** dans le monde. Plus des trois quarts appartenaient à l'**Europe** et à l'**Amérique du nord;** cette dernière en possède plus que l'Europe. L'*Europe occidentale et centrale* et la partie orientale des *États-Unis* sont les contrées où le réseau des lignes est le plus serré.

17. — **Télégraphes.** — Il y a des **lignes télégraphiques** partout où il y a des voies ferrées. En outre, plusieurs grandes lignes télégraphiques traversent l'Asie occidentale et la Sibérie.

Des **câbles sous-marins**, garnis de fils métalliques, établissent une communication télégraphique entre l'*Europe* et l'*Afrique* par la Méditerranée; l'*Europe* et l'*Amérique* par l'océan Atlantique; l'*Europe*, l'*Asie* et l'*Australasie* par l'archipel de la Sonde.

18. — **Navigation.** — L'Océan est une immense route ouverte de toutes parts à la navigation; les navires peuvent aller dans toutes les directions, vers tous les ports. Grâce à l'emploi de la vapeur, la durée des trajets a été très abrégée sur mer, comme sur terre, et les distances se trouvent ainsi en quelque sorte rapprochées.

Le **canal de Suez**, en ouvrant un passage aux navires, de la Méditerranée dans la mer Rouge, a abrégé les voyages.

Il a réduit de moitié le trajet de Marseille à Bombay (10,000 kilomètres par le canal; 22,500 par le cap de Bonne-Espérance); il a beaucoup contribué au progrès des communications maritimes de l'Orient.

19. — Les premiers colons partis d'Angleterre pour l'Australie (à Sydney) ont mis 11 mois pour faire la traversée par le cap de Bonne-Espérance sur un voilier. On va aujourd'hui par bateau à vapeur de Marseille à la Nouvelle-Calédonie en 42 jours.

Des services réguliers de paquebots conduisent de France à *New York* en 7 jours 1/2, aux *Antilles* en 13, à *Rio-de-Janeiro* en 17 et à *Buenos-Aires* en 21, à la *Réunion* en 21, à *Chang-haï* (Chine) en 39 et à *Yokohama* (au Japon) en 42 jours.

L'**Angleterre**, dont la marine est beaucoup plus importante que celle d'aucune autre nation, la **France**, l'*Allemagne*, les *États-Unis*, l'*Italie* sont les États qui possèdent les principaux services de paquebots.

20. — **Ports.** — Le mouvement de la navigation est réparti dans les trois océans, Atlantique, Indien et Pacifique, à travers les deux zones tempérées et la zone torride. Mais il n'a une importance très considérable que dans un certain nombre de ports, situés pour la plupart dans la zone tempérée du nord.

Ces ports sont :

En Europe : **Londres**, **Liverpool**, **Glasgow** et *Southampton;* **Hambourg**, **Rotterdam**, **Anvers**; **Marseille**, le **Havre**, *Saint-Nazaire* et *Bordeaux; Trieste;* **Constantinople**.

En Afrique : **Alexandrie**.

En Asie : **Smyrne**; **Aden**; **Bombay**; **Calcutta**; **Singapour**; **Hong-kong**, **Chang-haï**; **Yokohama**.

En Océanie : **Batavia**; **Sydney**, **Melbourne**.

Dans l'Amérique du nord : **San Francisco**, sur le Grand océan; *Québec;* **Boston**, **New York**, **Philadelphie**, **Baltimore**, **la Nouvelle-Orléans**; **la Havane** et *la Vera Cruz*, sur l'océan Atlantique.

Dans l'Amérique du sud : *Récife* (Pernambuco), *Bahia*, **Rio-de-Janeiro**; *Montevideo* et **Buenos-Aires**, sur l'océan Atlantique; *Valparaiso*, sur le Grand océan.

TABLE DES MATIÈRES

		Pages
I.	— La Terre, le Soleil et la Lune	1
II.	— Le plan et la carte	3
III.	— Les notions préliminaires	5
IV.	— Le monde	10
V.	— L'Europe physique	14
VI.	— L'Europe politique. — États	16
VII.	— La France physique. — Relief du sol	18
VIII.	— La France physique — Côtes et eaux	20
IX.	— La France politique. — Départements	22
X.	— La France physique et politique. — Bassin de la Seine (Manche) et bassin de la mer du Nord	24
XI.	— La France physique et politique. — Bassin du Rhône (Méditerranée)	26
XII.	— La France physique et politique. — Bassin de la Garonne (golfe de Gascogne)	28
XIII.	— La France physique et politique. — Bassin de la Loire (océan Atlantique) et Bretagne	30
XIV.	— La France économique. — Voies de communication	32
XV.	— La France économique et administrative. — L'agriculture ; les mines et l'industrie ; le commerce ; le gouvernement et l'administration	33
XVI.	— L'Afrique	36
XVII.	— L'Asie	38
XVIII.	— L'Océanie	40
XIX.	— L'Amérique du nord	42
XX.	— L'Amérique du sud	44
XXI.	— Les colonies françaises	46
XXII.	— Les grands États de la Terre ; les productions, le commerce et les grandes voies de communication	49

AVERTISSEMENT SUR LA MÉTHODE

A tous les degrés de l'enseignement de la géographie, il faut éviter de surcharger la mémoire des élèves en leur faisant apprendre une trop grande quantité de noms propres et il importe de leur *faire comprendre* ce qu'on leur enseigne. Cette double recommandation s'applique surtout à l'enseignement élémentaire.

Il importe aussi de leur *faire voir*, autant que possible, les choses qu'on leur enseigne ; c'est souvent le plus sûr moyen de les leur faire comprendre.

C'est pourquoi la carte se trouve placée partout à côté du texte dans l'Atlas élémentaire. Au bas de la plupart des cartes sont des graphiques, c'est-à-dire des figures géométriques (lignes ou surfaces) qui contribuent aussi à faire comprendre, en les rendant sensibles à l'œil, les rapports de longueur, de hauteur ou d'importance des principaux phénomènes de la géographie physique et politique.

C'est pourquoi aussi, lorsque la maîtresse fait sa leçon sur la matière du premier chapitre, il est utile qu'elle complète la démonstration à l'aide d'un appareil cosmographique ou d'un globe terrestre, afin de montrer les positions relatives de la Terre, du Soleil et de la Lune. Les renseignements nécessaires à un complément de démonstration se trouvent dans notre *Instruction sur la manière de se servir du globe terrestre pour donner aux enfants les premières notions sur le Ciel, la Terre, le Soleil et la Lune.*

Dans l'étude des *notions préliminaires*, il est utile de montrer aux élèves les choses mêmes, chaque fois qu'il est possible de le faire, afin de rendre les définitions sensibles et, partant, plus intelligibles. Les moindres accidents du terrain peuvent servir à expliquer ce qu'est un sommet, un versant, un plateau. Ces accidents peuvent même *être représentés* en classe, sous les yeux des élèves, à l'aide d'une boîte remplie de sable. Un petit ruisseau suffit pour faire comprendre ce qu'il faut entendre par le lit d'une rivière, le cours, la rive droite, etc.. Quand une forte pluie a creusé le sable dans la cour de l'école, il s'y forme des vallées, des confluents, des deltas que la maîtresse peut mettre à profit comme des exemples des phénomènes hydrographiques.

Les noms propres que les élèves doivent savoir par cœur sont imprimés en *italiques* ou en **lettres grasses**, suivant leur importance. Le reste du texte contient des détails sur lesquels les élèves doivent répondre avec précision, mais sans répéter le texte mot à mot. Les parties qui sont imprimées en petits caractères doivent être considérées comme des explications complémentaires.

Lorsque les élèves étudieront, elles devront chercher sur la carte placée en regard du texte la position de chaque nom propre, aussitôt après l'avoir lu dans ce texte. Elles devront ensuite pouvoir la montrer du doigt lorsque la maîtresse les interrogera.

Il est bon que l'interrogation se fasse quelquefois sur une carte muette, s'il est possible. Cette carte peut être soit une carte murale, soit une petite carte du même format que les cartes écrites de l'Atlas élémentaire que la maîtresse remet, dans ce but, à chaque élève.

CARTES MURALES SCOLAIRES

Par **Émile LEVASSEUR,** Membre de l'Institut

(GRAND ET PETIT FORMAT, FRANCE, EUROPE, TERRE)

Dressées conformément aux prescriptions de la Commission ministérielle d'hygiène de la vue

Carte murale scolaire de la France, *grand format* au $\frac{1}{600.000}$ (1 millimètre pour 600 mètres).
En feuilles 13 50
Collée sur toile, vernie, montée sur gorge et rouleau .... 25 »

Carte murale scolaire de la France, *petit format* au $\frac{1}{1.000.000}$ (1 millimètre pour un kilomètre).
En feuilles 6 50
Collée sur toile, vernie, montée sur gorge et rouleau 13 50

Carte murale scolaire de l'Europe, *grand format* au $\frac{1}{3.000.000}$ (1 millimètre pour 3 kilomètres).
En feuilles 13 50
Collée sur toile, vernie, montée sur gorge et rouleau .... 25 »

Carte murale scolaire de l'Europe, *petit format* au $\frac{1}{6.000.000}$ (1 millimètre pour 6 kilomètres).
En feuilles ....
Collée sur toile, vernie, montée sur gorge et rouleau ....

Carte murale scolaire de la Terre, *grand format,* au [illegible] (1 millimètre pour 18 kilomètres), projection de Mercator.
En feuilles ....
Collée sur toile, vernie, montée sur gorge et rouleau ....

Carte murale scolaire de la Terre, *petit format* au $\frac{1}{36.000.000}$ (1 millimètre pour 36 kilomètres), projection de Mercator.
En feuilles ....
Collée sur toile, vernie, montée sur gorge et rouleau ....

CARTES MURALES DIVERSES

Par **E. LEVASSEUR**

France au $\frac{1}{600.000}$ (échelle de 1 millim. pour 600 mètres), 2 m. 05 larg., 2 mètres haut. Carte dressée, pour la partie physique, d'après la carte d'état-major au 320.000me. Cette carte contient pour la géographie physique, administrative, historique et économique plus de détails que la carte au 1.000.000me. Elle est accompagnée d'une coupe et d'une petite carte par provinces et par bassins. *Cette carte se vend coloriée par teintes hypsométriques, par départements ou par bassins.*
Prix de la carte en feuilles (12 feuilles) .... 18 »
Collée sur toile, vernie, montée sur gorge et rouleau .... 30 »

Carte des colonies et des protectorats de la France. Cette carte qui est un complément nécessaire pour l'enseignement de la géographie dans un cours secondaire ou primaire supérieur contient : 1° un planisphère pour l'histoire des colonies et leur répartition dans les parties du monde ; 2° les établissements français de l'Océanie au $\frac{1}{14.000.000}$; 3° la Nouvelle-Calédonie et dépendances au $\frac{1}{1.000.000}$; 4° les établissements français de l'Inde au $\frac{1}{2.000.000}$; 5° l'Indo-Chine au $\frac{1}{7.000.000}$; 6° le Tonkin au $\frac{1}{1.000.000}$, 7° la Cochinchine au $\frac{1}{1.000.000}$; 8° le Sénégal et le Congo français au $\frac{1}{7.000.000}$; 9° Obock au $\frac{1}{1.000.000}$; 10° Madagascar au $\frac{1}{7.000.000}$; 11° Diego-Suarez, Sainte-Marie, la Réunion, Mayotte, Nossi-Bé et dépendances, la Guadeloupe, la Martinique, Saint-Martin et Saint-Barthélemy, Saint-Pierre et Miquelon, au $\frac{1}{1.000.000}$; 12° les établissements français en Amérique au $\frac{1}{7.000.000}$; la Guyanne au $\frac{1}{2.000.000}$. Dimensions : 1 m. 60 largeur sur 0 m. 88 hauteur.
Prix de la carte en feuilles .... »
Collée sur toile, vernie, montée sur gorge et rouleau .... »

Algérie et Tunisie, à l'échelle de $\frac{1}{1.000.000}$, avec [illegible] des environs d'Alger au 200.000me. 1 m. 60 larg., 0 m. 88 [illegible]
Prix de la carte en feuilles ....
Collée sur toile, vernie, montée sur gorge et rouleau ....

Afrique à l'échelle de $\frac{1}{10.000.000}$ 1 m. larg., 1 m. 28 haut.
Collée sur toile, vernie, montée sur gorge et rouleau ....

Afrique avec l'**Australie,** à l'échelle de $\frac{1}{10.000.000}$, 1 m. [illegible]
Collée sur toile, vernie, montée sur gorge et rouleau ....

Asie avec la **Malaisie** à l'échelle de $\frac{1}{10.000.000}$, 1 m. 36 larg., [illegible]
Collée sur toile, vernie, montée sur gorge et rouleau ....

Amérique (comprenant l'*Amérique du Nord* et l'*Amérique du Sud*) [illegible] pour les Antilles, à l'échelle de $\frac{1}{10.000.000}$, 1 m. 65 larg., 1 m. haut.
Collée sur toile, vernie, montée sur gorge et rouleau ....

Ces quatre dernières cartes forment une collection destinée à l'[illegible] daire ou primaire supérieur. L'uniformité d'échelle [illegible] 10 kilomètres), rend les grandeurs facilement comparables [illegible] moindres et les surfaces 100 fois moindres que sur la carte de [illegible] colonies). Ces cartes sont en trois couleurs (bleu, bistre et noir) [illegible] gnées de coupes. Il y a deux éditions de ces cartes : [illegible] *hypsométriques* (de 0 à 200 mètres) à rendre [illegible] géographie physique ; l'autre, sans teintes hypsométriques, [illegible] signes particuliers distinguent les villes d'après le nombre [illegible] Malaisie figurant sur la carte d'Asie, et l'Australie étant [illegible] d'une des deux cartes d'Afrique, trois cartes de [illegible] planisphère, suffisent à l'enseignement de la géographie [illegible] que l'Europe.

PETIT ATLAS DE GÉOGRAPHIE GÉNÉRALE

25 CARTES

AVEC NOTICES STATISTIQUES

FORMAT DE POCHE

1 vol. in-8° écu, avec cartonnage toile souple, fers spéciaux, tranches rouges 3 fr.

ATLAS-*Vade-mecum* à l'usage des élèves, des professeurs, des personnes du monde. Les notices donnent des renseignements multiples sur les chiffres de population, les voies de communication (distances et prix), les mesures et les monnaies, l'état militaire, le gouvernement, etc., des différents pays.
Les cartes offrent un *memento* d'usage constant.

LE PREMIER LIVRE DE GÉOGRAPHIE

INTRODUCTION A L'ATLAS SCOLAIRE DE E. LEVASSEUR

Par MM. NIOX et BRAEUNIG

Un volume-Atlas in-4° écu de 32 pages, renfermant 16 pages de texte et 16 pages de cartes coloriées, avec vignettes et couverture illustrée .... 0 fr. 90
Livre du Maître, in-12 cart. .... 1 fr. 50

Cet atlas élémentaire se recommande par la clarté du texte et par la netteté des cartes placées en regard. Il convient aux très jeunes enfants et doit suffire aux premières classes des écoles. Un soin très attentif a été apporté à sa rédaction, de sorte que l'élève puisse apprendre facilement une leçon sans être rebuté par la multiplicité des détails, ou par la longueur de la phrase.
Aussi bien approprié à l'enseignement de l'école qu'à l'enseignement maternel de la famille, il doit être considéré comme livre de début.

ATLAS DE GÉOGRAPHIE

PHYSIQUE, POLITIQUE ET HISTORIQUE

A L'USAGE DES CLASSES, PAR

le Colonel NIOX
PROFESSEUR A L'ÉCOLE SUPÉRIEURE DE GUERRE

Eugène DARSY
PROFESSEUR D'HISTOIRE AU LYCÉE LOUIS-LE-GRAND

Édition de 48 cartes, in-4° relié toile .... 7 fr. [illegible]
Édition de 72 cartes, in-4° relié .... 10 fr. 50

Cet Atlas se recommande par la grande clarté des cartes et la netteté de l'impression. — Il convient à l'enseignement primaire supérieur, à l'enseignement secondaire classique et à l'enseignement secondaire spécial.

Paris. Imp. Noizette, 8, rue Campagne-Première.

www.ingramcontent.com/pod-product-compliance
Ingram Content Group UK Ltd.
Pitfield, Milton Keynes, MK11 3LW, UK
UKHW021131230726
13926UKWH00002B/729